Cómo Ahorrar Dinero si Gano Poco

HAZ MÁS CON MENOS

Finanzas Personales para Mujeres Solteras

Ben Guther

ben guther

Descargo de responsabilidad

Este libro se ha escrito únicamente con fines educativos. Se ha hecho todo lo posible para que este libro sea lo más completo y preciso posible. Sin embargo, puede haber errores tipográficos o de contenido. Además, este libro proporciona información solo hasta la fecha de su publicación. Por lo tanto, este libro debe usarse como una guía, no como la fuente definitiva.

El propósito de este libro es informar. El autor y el editor no garantizan que la información contenida en este libro esté completa y no serán responsables de ningún error u omisión.

El autor y el editor no tendrán ninguna responsabilidad ante ninguna persona o entidad con respecto a cualquier pérdida o daño causado o presuntamente causado directa o indirectamente por este libro.

DEDICATORIA

Este libro está dedicado a todas las mujeres valientes que están listas para emprender el viaje hacia la independencia financiera. Para todas aquellas que se atreven a desafiar las normas, a desafiar sus propios límites, y a desafiar las expectativas de lo que es posible.

Para las mujeres que se atreven a soñar y a luchar por esos sueños, para las que buscan el conocimiento y la sabiduría, y para las que, a pesar de los obstáculos y las adversidades, nunca dejan de creer en sí mismas.

Por último, pero no menos importante, este libro está dedicado a ti, querida lectora. Que cada palabra te inspire, te fortalezca, y te aliente en tu camino hacia el empoderamiento financiero.

INDICE

1 INTRODUCCIÓN

Querida lectora,

Me dirijo a ti con entusiasmo y profunda gratitud, honrada de que hayas elegido emprender este viaje que te llevará a través de un territorio a la vez familiar y desconocido: el mundo de tus propias finanzas. Este libro está diseñado exclusivamente para ti, para la mujer de hoy que busca no solo sobrevivir, sino prosperar; para la mujer que busca libertad, seguridad e independencia, y que tiene el coraje de soñar y de hacer realidad esos sueños.

¿Por qué, te preguntarás, es tan crucial que tú, como mujer, asumas el control de tus finanzas y busques la educación financiera? La respuesta es multifacética y poderosa. Tu bienestar financiero es más que números en una cuenta bancaria o un informe de crédito: es una representación tangible de tu libertad y autonomía. Tu habilidad para gestionar exitosamente tus finanzas puede afectar cada aspecto de tu vida: desde tu sensación de seguridad y estabilidad, hasta tus decisiones personales y profesionales, e incluso hasta tus sueños y metas para el futuro.

La independencia financiera es liberadora. Te permite tomar tus propias decisiones, elegir tu propio camino, vivir de acuerdo a tus propios términos. No se trata de acumular riqueza por el simple hecho de hacerlo, sino de tener la libertad para hacer elecciones que te hagan sentir empoderada y realizada.

Este libro es tu mapa para la independencia financiera. Está diseñado para ser tu compañero en este viaje hacia un futuro financiero más seguro y libre, brindándote las herramientas que necesitas para tomar decisiones financieras sólidas e informadas. En estas páginas aprenderás a manejar tu dinero con confianza, a planificar tu futuro financiero, a ahorrar para tus sueños y metas, a invertir sabiamente y a manejar cualquier deuda de manera eficiente.

Pero este libro es más que un manual de finanzas: es también una travesía de autodescubrimiento. A medida que avanzamos, te invitaremos a explorar tus actitudes y creencias sobre el dinero, a reflexionar sobre tus hábitos de gasto y a descubrir lo que te motiva realmente. Creemos firmemente que un cambio financiero sostenible se origina desde adentro, y que cultivar una mentalidad financiera saludable es tan vital como conocer las estrategias y técnicas de manejo de dinero.

Nuestros objetivos son claros y directos: queremos ayudarte a entender tus finanzas, a tomar control de ellas y a usarlas como herramienta para alcanzar tus sueños. Te mostraremos que el dinero puede ser un instrumento para la independencia y la libertad, y no una fuente de estrés y ansiedad. Esperamos que este libro se convierta en un faro de esperanza, un motor de cambio, y un valioso aliado en tu camino hacia la independencia financier porque es posible hacer más con menos.

Al concluir este viaje, habrás adquirido las habilidades y la confianza necesarias para manejar tus finanzas con seguridad y eficiencia. Habrás desarrollado una mentalidad financiera que te permitirá enfrentar los desafíos y oportunidades que la vida te presente. Y, lo más importante, habrás dado un paso crucial en tu camino hacia la realización de tus sueños.

Así que bienvenida a esta aventura. Es un privilegio tener la oportunidad de acompañarte en este viaje. Juntas, iremos más allá de las barreras y los miedos, exploraremos nuevas posibilidades y aprenderemos nuevas habilidades. Y, con cada paso que demos, estaremos un paso más cerca de un futuro financiero más seguro, más libre y más emocionante.

También te invito a que te suscribas a nuestro canal de YouTube y ver el Mini Curso complementario sobre Finanzas Personales para Mujeres, puedes seguir el siguiente QR o buscarnos como "Finanzas Ben Capital":

2 MENTALIDAD FINANCIERA

2.1. Cómo cambiar la mentalidad hacia el dinero

¿Has conocido alguna vez a alguien que, aunque tiene un sueldo parecido al tuyo, parece realizar verdaderos prodigios con su dinero? Nuestra mente, en un intento por encontrar explicaciones, a menudo se precipita a conclusiones infundadas. Podríamos imaginar que alguien le regaló aquello que tiene, que está incurriendo en acciones ilícitas, o que proviene de una familia acaudalada que le facilitó la compra de ese coche nuevo.

Es reconfortante y hasta tentador pensar que su éxito financiero se debe a una ayuda externa, pero en muchos casos, la verdad es más incómoda de aceptar. Ella se esforzó e hizo algo diferente. Tal vez se sacrificó durante varios meses para ahorrar, optando por un estilo de vida sin lujos y reduciendo las salidas con amigos.

Enfrentar la incomodidad de nuestros propios pensamientos es un paso significativo y una señal positiva de cambio. El principio fundamental es salir de nuestra zona de confort. Esto es tanto en términos físicos como mentales, ya que podrías tener que moverte más, además de abandonar ciertas ideas que anteriormente considerabas verdaderas.

Vivimos en una era donde resulta muy fácil evadir nuestros problemas personales. La cultura del "binge-watching" nos permite consumir episodio tras episodio de nuestras series favoritas, vivir aventuras a través de películas donde vemos a mujeres empoderadas capaces de con todo, y proyectar nuestros sentimientos al seguir las tramas de novelas o doramas coreanos. Por si fuera poco, las redes sociales como Instagram nos muestran a otras mujeres logrando sus sueños, lo que puede crear en nosotras una falsa sensación de éxito. En resumen, nos encontramos viviendo la vida que anhelamos tener a través de las experiencias de terceros.

Imagina a una mujer llamada Lucía. Ella ve las fotos de viajes exóticos de sus amigas en Instagram y se siente un poco deprimida porque no puede permitirse las mismas experiencias. Se consuela pensando que algún día, cuando gane más dinero, podrá hacer lo mismo. Pero si Lucía no cambia su mentalidad y su relación con el dinero, incluso si duplica sus ingresos, podría no lograr un cambio real. El dinero adicional simplemente podría evaporarse, ya que sus viejos hábitos y actitudes financieras persistirían.

Si aspiras a tener una vida mejor de la que tienes ahora, te felicito, ese es un primer paso crucial. Pero debes entender que para lograr una mejora a largo plazo en tu vida, necesitas dedicar tiempo a organizar tus finanzas y, muy probablemente, cambiar tu estilo de vida. El cambio de mentalidad no es un proceso que ocurre de la noche a la mañana. Es una transformación gradual, un viaje que requiere esfuerzo y determinación. Recuerda, el primer paso para el cambio es reconocer que algo en nuestra actitud o comportamiento actual debe ser diferente. Y en este caso, ese "algo" es tu percepción del dinero.

Es ampliamente sabido que numerosas personas que han ganado la lotería terminan perdiéndolo todo, y en algunos casos, incluso acaban endeudadas o enredadas en litigios. Tomemos como ejemplo a Janite Lee, una inmigrante de Corea del Sur que ganó 18 millones de dólares en 1998. Durante años, Lee apoyó a la Escuela de Derecho de la Universidad de Washington, financió campañas políticas y tuvo la oportunidad de conocer al expresidente Bill Clinton. Sin embargo, a pesar de su considerable fortuna, tomó una serie de decisiones financieras desacertadas. Compró su casa a crédito, hizo un uso excesivo de tarjetas de crédito y préstamos bancarios, y finalmente se declaró en bancarrota con una deuda que ascendía a los 2.5 millones de dólares.

Este ejemplo ilustra que la cantidad de dinero que tenemos no es tan importante como la mentalidad con la que lo manejamos. Lo que una persona hace con su dinero depende en gran medida de su mentalidad financiera. Por supuesto, cometeremos errores en el camino, pero de estos errores podemos aprender lecciones valiosas. Sin embargo, es nuestra responsabilidad buscar activamente la educación financiera.

Los consejos que nos dieron nuestros padres o abuelos pueden no ser completamente aplicables en la actualidad. Es probable que en una época de escasez, esos consejos funcionaran perfectamente, pero hoy las cosas son muy diferentes y seguirán cambiando. Vivimos en una era de tecnología, globalización y cambios rápidos, y nuestras estrategias financieras deben adaptarse a este nuevo contexto.

En su libro "Finanzas Bíblicas", Héctor Salcedo plantea que nuestras finanzas son, en gran medida, un reflejo de nuestro carácter. Esta afirmación me dejó reflexionando durante semanas. Nuestro carácter es algo que forjamos a lo largo del tiempo, influenciado en gran parte por nuestro entorno. Si en dicho entorno prevalece la preocupación por lo que dirán los demás, es probable que adoptemos una mentalidad similar y actuemos en consecuencia.

Por ejemplo, si vivimos buscando la aprobación de los demás, es posible que tomemos decisiones financieras que nos permitan mantener una cierta imagen, incluso si estas decisiones nos dejan sin dinero a corto y mediano plazo. En este sentido, lo primero que debemos revisar y ajustar es nuestra forma de pensar. Luego, debemos desarrollar la habilidad de tomar decisiones por nuestra cuenta. Si cultivamos nuestro carácter de manera consciente y deliberada, seremos menos susceptibles a la influencia externa y podremos vivir de acuerdo con nuestras verdaderas necesidades y no las impuestas por la sociedad.

Ahora, te invito a hacer un ejercicio de introspección. Identifica todas las ideas preconcebidas que tienes sobre el dinero. Cuestiónalas, analízalas y determina si estas creencias te están ayudando a tener una relación saludable con el dinero o si, por el contrario, están perjudicándote. Es posible que necesites sanar tu relación con el dinero. A menudo, nuestras familias, los medios de comunicación e incluso ciertas ideologías políticas asocian el dinero con algo negativo.

Es importante recordar que el dinero en sí mismo no es ni bueno ni malo. Es simplemente una herramienta que podemos usar para mejorar nuestras vidas y las de quienes nos rodean. Si albergamos sentimientos negativos hacia el dinero, es probable que tengamos dificultades para atraerlo y retenerlo en nuestras vidas.

Tómate un momento para participar en una actividad reflexiva. Vas a necesitar una hoja de papel y un bolígrafo. Esta actividad te ayudará a explorar tus pensamientos y sentimientos subconscientes sobre el dinero y las personas adineradas. Recuerda, el objetivo no es juzgar tus pensamientos, sino identificar y entender las creencias subyacentes que podrían estar afectando tu relación con el dinero.

En la parte de arriba del papel, pon: "Gente que tengo en mente con una fortuna significativa". Luego, haz una lista de todas las personas que conozcas que consideres adineradas. No tienen que ser personas que conozcas personalmente; también podrían ser personas públicas o famosas que admires o respetes.

A continuación, al lado de cada nombre, escribe las palabras o frases que inmediatamente asocies con esa persona cuando piensas en ella y su riqueza. No te preocupes por ser políticamente correcta o "justa". Solo escribe lo que te venga a la mente en este momento. Podrían ser palabras como "trabajadora", "egoísta", "inteligente", "superficial", "generosa", "avariciosa", etc.

Después, revisa tu lista y reflexiona sobre las asociaciones que has hecho. ¿Qué palabras son negativas? ¿Crees realmente que estas asociaciones son ciertas, o son percepciones infundadas o prejuicios? ¿De dónde crees que vienen estas ideas? ¿De tu familia, amigos, medios de comunicación, experiencias pasadas?

Repite este ejercicio una vez por semana. Verás cómo cambia tu percepción a medida que trabajas en cambiar tu mentalidad sobre el dinero. Este ejercicio es una herramienta poderosa para descubrir y desafiar las creencias limitantes que pueden estar interfiriendo en tu camino hacia la prosperidad financiera.

Es un hecho que existen personas con gran riqueza que actúan de manera poco ética, pero también hay individuos adinerados que son sumamente generosos y amables. Lo mismo sucede con las personas con menos recursos económicos: hay quienes son buenos y otros que no lo son tanto. El dinero en sí mismo no convierte a una persona en buena o mala. El carácter, los valores y las acciones de una persona definen su bondad o maldad, no su estado financiero.

Por lo tanto, el verdadero reto radica en trabajar en nosotros mismos, en nuestro interior, en nuestras actitudes y comportamientos respecto al dinero. Si es necesario, debemos embarcarnos en un proceso de sanación para superar las heridas emocionales que pueden haber afectado nuestra relación con el dinero. Esto puede requerir un gran esfuerzo y la voluntad de salir de nuestra zona de confort, pero el resultado será una relación más saludable y beneficiosa con nuestras finanzas.

En resumen, tus creencias y pensamientos sobre el dinero tendrán un impacto significativo en cómo lo adquieres y administras. Es crucial que examines tus motivaciones e inseguridades que podrían llevarte a tomar decisiones financieras imprudentes. Este proceso de autoconocimiento y mejoramiento puede ser desafiante, pero también es liberador y transformador.

Iniciar este viaje de sanación y aprendizaje respecto a tu relación con el dinero es una decisión valiente y poderosa. El simple hecho de que estés leyendo este libro es un claro indicador de tu deseo de cambio y crecimiento. En los siguientes capítulos, exploraremos juntos cómo identificar y cambiar nuestros hábitos de consumo, y cómo podemos adquirir herramientas y conocimientos que nos permitan mejorar nuestra salud financiera. Recuerda, el cambio de mentalidad es el primer paso hacia la transformación financiera.

2.2. Consejos para cambiar hábitos de consumo

Al adentrarnos en el segundo subtema de este capítulo, nos encontramos con una cuestión crucial que dicta gran parte de nuestra relación con el dinero: nuestros hábitos de consumo. ¿Cómo gastamos nuestro dinero? ¿En qué invertimos más tiempo y recursos? ¿Cuánto de lo que compramos es realmente necesario? ¿Y cuánto es impulsado por caprichos momentáneos o influencias externas?

Todos, en mayor o menor medida, hemos caído en la trampa de los gastos impulsivos o hemos adquirido algo simplemente porque estaba en oferta, sin considerar si realmente lo necesitábamos. El marketing y la publicidad están diseñados para crear en nosotros la necesidad de tener lo último, lo mejor, lo más exclusivo. Pero, ¿en qué momento nos detenemos a evaluar el verdadero valor de estas adquisiciones en nuestra vida?

Nuestros hábitos de consumo, ya sea consciente o inconscientemente, reflejan nuestra mentalidad financiera y, a menudo, son el reflejo de nuestras emociones y actitudes internas. La buena noticia es que estos hábitos, aunque arraigados, pueden ser cambiados. Pero para hacerlo, primero debemos entenderlos, reconocerlos y, finalmente, aprender cómo reemplazarlos con hábitos más saludables y beneficiosos.

En este subtema, exploraremos cómo identificar nuestros hábitos de consumo, entender sus raíces y aprender estrategias efectivas para cambiarlos. Te proporcionaré consejos prácticos y herramientas que te ayudarán a reformular tus hábitos de consumo, aportando así a la construcción de una mentalidad financiera más saludable y sustentable.

Considera a Sofía, una mujer soltera de 30 años que vive en la ciudad. Trabaja en una agencia de marketing y tiene una vida social activa. Adora la moda y siempre está a la vanguardia de las últimas tendencias. También tiene una membresía en un gimnasio de alta gama y frecuenta restaurantes caros con sus amigos. Cada mes, Sofía se encuentra estirando su salario al límite, a menudo recurriendo a su tarjeta de crédito para cubrir los gastos extras.

Analizando el patrón de consumo de Sofía, encontramos que gran parte de sus gastos están orientados hacia su apariencia y su estatus social. La ropa de diseñador, la membresía del gimnasio, las cenas en restaurantes exclusivos, todo esto se suma a un gasto considerable que deja poco espacio para el ahorro o la inversión.

No hay nada de malo en disfrutar de la moda, mantenerse en forma o disfrutar de la buena comida, pero cuando estos hábitos de consumo se convierten en una carga financiera, es momento de reconsiderar. Sofía podría optar por alternativas más económicas sin sacrificar su estilo de vida. Por ejemplo, podría buscar tiendas de moda de segunda mano, que a menudo tienen piezas de diseñador a una fracción del costo. En lugar de gastar en restaurantes caros, podría aprender a cocinar sus platos favoritos en casa o hacer reuniones con sus amigos donde cada uno aporte un plato. En cuanto al gimnasio, podría buscar opciones más económicas o incluso hacer ejercicio al aire libre o en casa.

Estos pequeños cambios en sus hábitos de consumo no solo permitirían a Sofía ahorrar, sino también cambiar su mentalidad hacia el dinero. Al empezar a ver el valor en las alternativas más económicas y tomar decisiones financieras más conscientes, Sofía podría empezar a cambiar su mentalidad de "gastar" a "ahorrar e invertir".

No se trata de privarse de todo, sino de aprender a equilibrar los deseos y necesidades, y a tomar decisiones más inteligentes con el dinero. Y este cambio de mentalidad y hábitos de consumo puede ser la clave para lograr una mayor seguridad y una mentalidad financiera más saludable.

Antes de entrar en los consejos prácticos, necesitamos entender claramente cómo nuestros hábitos de consumo pueden afectar nuestras finanzas. En esencia, nuestros hábitos de consumo determinan hacia dónde fluye nuestro dinero, y por lo tanto, tienen un impacto directo en nuestra estabilidad y salud financiera.

Permíteme ponerlo en perspectiva con un ejemplo más detallado. Imagina que tienes el hábito de comprar un café en una tienda cada mañana. Parece inocuo, ¿verdad? Pero si sumamos los costos, una taza de café que cuesta $4 al día se convierte en $28 a la semana, $112 al mes y alrededor de $1344 al año. Eso es una cantidad significativa de dinero que podría haberse ahorrado o invertido en algo que te brinde un retorno financiero.

Además, hay hábitos de consumo que pueden llevarnos a incurrir en deudas innecesarias. Por ejemplo, si tienes el hábito de hacer compras impulsivas, podrías terminar gastando más de lo que ganas y acumulando deudas en tus tarjetas de crédito. Estas deudas pueden acumular intereses con el tiempo, lo que a su vez puede llevar a un círculo vicioso de endeudamiento.

Por otro lado, si tienes el hábito de comer fuera con frecuencia, podrías estar gastando mucho más dinero del que gastarías si prepararas tus propias comidas en casa. Asimismo, a menudo las comidas caseras son más saludables, por lo que también podrías estar invirtiendo en tu salud a largo plazo.

Concisamente, nuestros hábitos de consumo pueden afectar nuestras finanzas de diversas maneras, ya sea llevándonos a gastar más de lo que ganamos, impidiéndonos ahorrar o invertir, o incluso llevándonos a acumular deudas innecesarias. Por eso es tan crucial revisar y ajustar nuestros hábitos de consumo si queremos mejorar nuestra mentalidad y nuestra salud financiera. Ahora, con este entendimiento, pasemos a los consejos prácticos que te ayudarán a cambiar estos hábitos y que puedes empezar a aplicar hoy mismo:

1. **Revisa tus gastos diarios:** Cada día, tómate un tiempo para revisar tus gastos. Puedes hacerlo al final del día, tal vez como una rutina nocturna. Anota todo lo que hayas comprado o pagado, sin importar cuán pequeño sea el gasto. Esto te ayudará a tener una visión clara de en qué estás gastando tu dinero.

2. **Establece un presupuesto mensual:** Al inicio de cada mes, establece un presupuesto. Incluye todas tus obligaciones financieras, como el alquiler o la hipoteca, facturas, alimentos y ahorros. Luego, asigna una cantidad específica para gastos personales y entretenimiento. Procura no exceder esta cantidad.

3. **Diferencia entre deseos y necesidades:** Este es un ejercicio diario. Cada vez que vayas a hacer una compra, pregúntate si es algo que realmente necesitas o simplemente es algo que deseas. Si es un deseo, considera si puedes permitírtelo sin afectar tus ahorros o tus gastos esenciales.

4. **Planifica tus compras:** Antes de ir de compras, haz una lista de lo que realmente necesitas y ajústate a ella. Esto es particularmente útil para las compras de alimentos, pero también puede aplicarse a otras compras. Haz esto cada vez que tengas que hacer compras significativas.

5. **Cuestiona tus gastos regulares:** Al menos una vez al mes,

revisa tus gastos regulares. ¿Estás pagando por servicios que no utilizas o que podrías obtener a un precio más bajo? ¿Hay suscripciones que podrías cancelar? Evalúa estas posibilidades y haz los cambios necesarios.

6. **Busca alternativas más económicas:** Esto puede ser un ejercicio semanal. ¿Existe una forma más económica de disfrutar de tus actividades favoritas? ¿Podrías, por ejemplo, hacer ejercicio en casa en lugar de pagar una membresía de gimnasio? ¿Te animarías a preparar tus comidas en casa en vez de optar por comer fuera?

Por supuesto, usar herramientas puede ser una manera efectiva de ayudarte a cambiar tus hábitos de consumo y tomar el control de tus finanzas. ¿Conoces el método del sobre? Este es un método de presupuesto tradicional que puedes implementar sin costo alguno. Solo necesitas unos sobres y una pluma. Esta es una herramienta que, aunque puede parecer simple, es increíblemente efectiva para cambiar hábitos de consumo. Comprendiendo la belleza de este método que radica en su tangibilidad y simplicidad, resulta atractivo observar cómo al asignar dinero físico a cada una de tus categorías de gastos, obtienes una representación visual muy real de cuánto te queda para gastar. Ahora que tienes una idea general del enfoque, es hora de profundizar en los detalles específicos. Así que, veamos los pasos que debes seguir para que puedas aplicar este método en tu vida diaria.

Paso 1: Identifica tus categorías de gastos.

Tus categorías de gastos pueden incluir alimentos, vivienda, transporte, cuidado personal, entretenimiento, ahorros, entre otros. Lo importante aquí es que las categorías reflejen tus gastos reales.

Paso 2: Establece un presupuesto para cada categoría.

Basándote en tus gastos pasados y en tus metas financieras, determina cuánto dinero asignarás a cada categoría cada mes. Intenta ser realista y deja un poco de margen para gastos imprevistos.

Paso 3: Prepara tus sobres.

Etiqueta un sobre para cada categoría de gasto. Puedes usar sobres regulares o, si prefieres algo más duradero, puedes comprar una cartera para presupuesto como la de Skydue, que tiene compartimentos etiquetados para diferentes categorías de gastos.

Paso 4: Llena tus sobres.

Al principio de cada mes (o cada vez que recibas tu salario), llena cada sobre con la cantidad de dinero que has presupuestado para esa categoría. Si prefieres, puedes hacer esto de manera semanal en lugar de mensual.

Paso 5: Gasta solo el dinero de los sobres.

Durante el mes, solo gasta el dinero que está en los sobres. Si el dinero en un sobre se acaba, tienes dos opciones: ajustar tus gastos en otra categoría para cubrir la diferencia o esperar hasta el próximo mes.

Para poner en práctica este método, te propongo que hagas el siguiente ejercicio. Durante una semana, lleva un registro de todos tus gastos. No necesitas cambiar nada, solo anota en qué gastas tu dinero. Al final de la semana, revisa tus gastos y clasifícalos en categorías. Luego, basándote en esta información, intenta implementar el método del sobre durante el próximo mes.

Entender nuestros hábitos de consumo y aprender a manejarlos es un paso crucial en la construcción de una mentalidad financiera sólida. Recuerda que cada pequeña decisión que tomes en tu día a día impacta en tu bienestar financiero a largo plazo. Y no olvides que el cambio no ocurre de la noche a la mañana. Es posible que te desvíes del camino de vez en cuando, pero lo importante es no desanimarse y seguir intentándolo. Con el tiempo, los nuevos hábitos se convertirán en parte de tu rutina normal y verás cómo tu relación con el dinero mejora.

Sin embargo, una vez que hayas comenzado a cambiar tus hábitos de consumo, surge un nuevo desafío: ¿cómo mantener esta disciplina financiera a largo plazo? ¿Cómo evitar caer en viejos patrones de comportamiento y garantizar que las decisiones financieras que tomes hoy te beneficien en el futuro?

2.3. Cómo mantener la disciplina financiera a largo plazo

Mantener la disciplina financiera a largo plazo puede parecer un desafío abrumador. Tras trabajar en cambiar nuestros hábitos de consumo y comenzar a ver los beneficios, podría ser tentador caer en la complacencia y perder de vista nuestros objetivos financieros a largo plazo. Pero recuerda, el dolor de la disciplina siempre es menor que el dolor del arrepentimiento.

Cuando nos alejamos de nuestros objetivos y dejamos que nuestras decisiones financieras sean dictadas por impulsos o comodidad momentánea, es fácil caer en patrones de comportamiento que pueden llevarnos a situaciones financieras desfavorables. A la larga, estas decisiones pueden acarrear un arrepentimiento mucho mayor que el esfuerzo requerido para mantener la disciplina financiera.

¿Cómo podemos asegurarnos de que las decisiones financieras que tomamos hoy nos beneficien en el futuro? ¿Cómo podemos resistir la tentación de los gastos impulsivos y mantenernos enfocados en nuestros objetivos a largo plazo? ¿Cómo podemos construir y mantener hábitos financieros saludables que nos permitan vivir una vida financiera equilibrada y segura?

Estas son preguntas esenciales que todos debemos hacernos en nuestro viaje hacia la salud financiera. A lo largo de este subtema, vamos a explorar estrategias y consejos para ayudarte a responder estas preguntas y mantener la disciplina financiera a largo plazo. Así, el dolor de la disciplina se convertirá en el placer de ver tus metas financieras convertirse en realidad.

La disciplina financiera a largo plazo es un viaje constante que requiere la habilidad de mantenerse enfocado en metas financieras futuras, incluso cuando se presenten distracciones a corto plazo. No se trata simplemente de evitar compras impulsivas o de vivir con austeridad; se trata de tomar decisiones informadas que beneficien tu futuro financiero.

Imagina a una mujer soltera llamada Ana. Ana tiene un buen trabajo y gana un salario decente. Ama la moda y disfruta de las salidas con amigos. Sin embargo, también tiene metas financieras a largo plazo, como comprar una casa y planificar su jubilación. Para Ana, mantener la disciplina financiera significa equilibrar sus gastos actuales con sus metas futuras.

Ana podría sentir la tentación de comprar ese par de zapatos de diseñador que tanto le gustan o de cenar en restaurantes caros varias veces por semana. Pero sabe que cada vez que cede a estas tentaciones, está restando dinero que podría estar ahorrando para su futura casa o su fondo de jubilación. Así, Ana toma la decisión de limitar estos gastos y de invertir una parte de su salario en su futuro financiero cada mes.

A pesar de las tentaciones, Ana se mantiene enfocada en sus metas a largo plazo. Sabe que cada decisión financiera que toma hoy tiene un impacto en su futuro financiero. A veces, puede ser difícil resistir la tentación de gastar, pero Ana entiende que el dolor temporal de la disciplina es mucho menor que el dolor del arrepentimiento a largo plazo.

Mantener la disciplina financiera a largo plazo puede parecer una tarea desalentadora, pero recuerda, no es sobre sacrificio, sino sobre equilibrio y toma de decisiones conscientes. Finalmente, hemos llegado al momento de resolución de la premisa principal de este subtema: ¿cómo mantener la disciplina financiera a largo plazo?

Primero, debemos establecer metas financieras claras. Sin un destino claro en mente, es fácil desviarse del camino. Tus metas deben ser específicas, medibles, alcanzables, relevantes y tener un tiempo establecido para su cumplimiento, es decir, deben ser metas SMART. Por ejemplo, en lugar de decir "quiero ahorrar dinero", una meta SMART sería "quiero ahorrar $5,000 para un fondo de emergencia en un año". Esto te da una meta clara y un plazo para trabajar.

En segundo lugar, necesitamos un presupuesto. El presupuesto es una herramienta poderosa que te permite ver exactamente a dónde va tu dinero cada mes. Te permite planificar tus gastos, ahorrar para tus metas financieras y asegurarte de que no estás gastando más de lo que ganas. Un presupuesto no es un castigo, es un plan que te ayuda a tomar el control de tu dinero.

Tercero: no nos olvidemos de la autodisciplina. La autodisciplina no es algo que se tenga o no se tenga; es una habilidad que se puede aprender y mejorar. Puedes empezar practicando la autodisciplina en áreas pequeñas de tu vida y luego aplicarla a tus finanzas. Por ejemplo, podrías empezar levantándote 15 minutos más temprano cada mañana o haciendo ejercicio regularmente. Estos pequeños actos de autodisciplina, en cualquier ámbito de tu vida, pueden ayudarte a desarrollar dicha habilidad y otorgarte la confianza dentro del control de tus finanzas.

Por último, para mantener la disciplina financiera a largo plazo, debemos mantener una mentalidad de crecimiento. Por supuesto, es fundamental profundizar en el concepto de mentalidad de crecimiento para comprender cómo puede ser aplicado en nuestras vidas financieras.

La mentalidad de crecimiento es un término acuñado por la psicóloga Carol Dweck en su libro "Mindset: The New Psychology of Success". En su investigación, Dweck descubrió que las personas tienden a tener una de dos mentalidades: fija o de crecimiento. Aquellos con una mentalidad fija creen que sus habilidades y talentos son innatos y fijos, mientras que aquellos con una mentalidad de crecimiento creen que pueden desarrollar y mejorar sus habilidades a través de la dedicación y el esfuerzo.

Aplicar una mentalidad de crecimiento a nuestras finanzas significa creer que podemos mejorar nuestras habilidades financieras y nuestra relación con el dinero a través del esfuerzo y la persistencia. Significa no dejarse desalentar por los contratiempos financieros, sino verlos como oportunidades para aprender y crecer. Implica entender que la disciplina financiera no es un talento innato, sino una habilidad que puede ser aprendida y mejorada.

Tomemos el ejemplo de Ana. Si Ana tiene un mes en el que gasta más de lo presupuestado, con una mentalidad fija podría pensar: "No sirvo para esto. Siempre seré mala con el dinero". Pero con una mentalidad de crecimiento, Ana podría pensar: "Está bien, este mes no salió como esperaba. Pero puedo aprender de esto. Analizaré en qué me pasé del presupuesto y cómo puedo evitarlo en el futuro".

Así, una mentalidad de crecimiento permite a Ana, y a todas nuestras lectoras, transformar los errores y contratiempos en oportunidades de aprendizaje. Nos permite perseverar a pesar de los desafíos y continuar trabajando hacia nuestras metas financieras.

Mantener la disciplina financiera a largo plazo requiere de compromiso y esfuerzo, pero los resultados valen la pena. Establecer metas claras, crear un presupuesto realista, trabajar en tu autodisciplina y mantener una mentalidad de crecimiento te ayudarán a proteger tu marcha hacia la estabilidad financiera. Recuerda, mantener la disciplina financiera es un proceso continuo y evolutivo, pero cada paso que des te acercará más a la libertad y la tranquilidad financiera que deseas.

Entonces, ¿cómo puedes empezar esa marcha? Analizando tus gastos y dando los primeros pasos hacia un presupuesto sólido.

3 ANÁLISIS DE GASTOS

3.1. Cómo hacer un presupuesto

Si hay un factor que nos permite tener control total sobre nuestras finanzas, es sin duda alguna, un presupuesto bien estructurado. Pero, ¿cómo se realiza un presupuesto eficaz? ¿Cómo separamos y clasificamos nuestros gastos para maximizar nuestra eficiencia financiera? Esta sección abordará estas preguntas cruciales, desglosando la elaboración de un presupuesto en pasos simples y fáciles de seguir.

Elaborar un presupuesto puede parecer una tarea intimidante, especialmente si nunca lo has hecho antes. Pero no te preocupes, se trata de comprender tus ingresos y gastos, y encontrar la mejor manera de distribuir tu dinero para cubrir tus necesidades y deseos. Una vez que domines la creación y el seguimiento de tu presupuesto, te darás cuenta de cuánto control y claridad puede proporcionar a tus finanzas.

Un presupuesto es una herramienta que no solo te permitirá tener un mayor control sobre tus gastos, sino que también te ayudará a cumplir tus metas financieras a corto y largo plazo. Piensa en tus sueños. ¿Quieres viajar al extranjero? ¿Estás planeando comprar un coche nuevo? ¿O quizás sueñas con la casa perfecta?

Si eres de las personas que piensa que la elaboración de un presupuesto es un ejercicio matemático aburrido, un mar de números que parecen impersonales, te pido que cambies esa percepción y consideres el presupuesto como algo más personal, algo que está

17

intrínsecamente vinculado a tus metas y aspiraciones en la vida.

Vuelve a pensar en tus sueños y metas financieras. ¿Cómo te has imaginado a ti misma? ¿Cuáles son tus sueños financieros más recurrentes? Para convertir estos sueños en realidades, es vital tener un entendimiento claro y completo de cómo se está gastando tu dinero en la actualidad. Y aquí es donde un presupuesto se convierte en tu mejor aliado.

Un presupuesto no es solo un instrumento para rastrear tus gastos, es una herramienta que te brinda el poder de moldear tu futuro. Te permitirá tener una visión clara de tus finanzas, lo que a su vez te consentirá tomar decisiones más informadas sobre cómo asignar tu dinero de la manera más efectiva para alcanzar esas metas que tanto deseas.

Al final del día, un presupuesto es mucho más que solo números en un papel o en una pantalla: es tu hoja de ruta personalizada para alcanzar tus sueños. Entonces, ¿estás lista para dar ese primer paso? ¿Para caminar hacia el objetivo de convertir tus sueños en realidad? Porque eso es lo que significa un presupuesto.

La buena noticia es que crear un presupuesto eficaz no es un proceso complicado ni requiere habilidades matemáticas avanzadas, por ende, alcanzar tus sueños tampoco. En realidad, la creación de un presupuesto se puede desglosar en tres sencillos pasos que te ayudarán a tener un mejor manejo de tus finanzas.

Paso 1: Identificar tus ingresos

El primer paso para crear un presupuesto es tener una visión clara de cuánto dinero estás ganando. Tu ingreso principal, por supuesto, es tu salario. Esta es la cifra más fácil de identificar, especialmente si recibes un salario fijo. Si trabajas por horas, o si tus ingresos fluctúan debido a comisiones, bonos u horas extra, tendrás que hacer un poco más de trabajo aquí. En estos casos, una buena regla es hacer un promedio de los últimos seis meses a un año para obtener una cifra que sea lo más realista posible.

Pero no debes parar en tu salario. ¿Hay otros flujos de ingresos en tu vida? Quizás tienes un trabajo a tiempo parcial, o haces trabajos freelance. Tal vez has hecho algunas inversiones inteligentes que están dando sus frutos, o poseas una cartera de criptomonedas que esté generando ganancias, o te encuentres alquilando una habitación de tu hogar. Todo esto cuenta.

Entonces, ¿qué haces con esta información? Bueno, una vez que tienes una visión clara de cuánto dinero estás ganando cada mes, puedes comenzar a hacer algunos cálculos. ¿Cuánto de ese dinero puedes permitirte gastar? ¿Cuánto deberías estar ahorrando? Y tal vez lo más importante, ¿cuánto puedes permitirte gastar sin poner en peligro tus objetivos financieros a largo plazo?

Esta es la belleza de identificar tus ingresos: te proporciona la base que necesitas para hacer estas decisiones críticas. Y es el primer paso crucial para desarrollar un presupuesto que te ayudará a lograr tus metas.

Paso 2: Registrar tus gastos

Después de identificar tus ingresos, el segundo paso es registrar todos tus gastos. Esto no solo significa los grandes gastos obvios, sino cada pequeña compra que haces durante el mes. ¿Ese café para llevar que compras todas las mañanas? Eso cuenta. ¿Las boletas para el concierto imperdible que tendrá lugar en tu ciudad el próximo mes? También cuentan. Para tener un control real sobre tus finanzas, necesitas tener una imagen clara de dónde se va cada centavo.

¿Recuerdas cuando mencionamos el café para llevar en el capítulo anterior? A lo mejor parecía algo trivial, sin embargo, este pequeño detalle encierra una lección muy importante. Cada uno de estos cafés, que a simple vista parecen una pequeña indulgencia, es en realidad un "gasto hormiga".

¿Y qué son los gastos hormiga? Son aquellos "desembolsos" menudos y frecuentes que haces en tu día a día, que parecen inofensivos, pero que pueden sumar una cantidad significativa de dinero a lo largo del tiempo. Aunque parezca que son gastos pequeños e inofensivos, la realidad es que, con el tiempo, pueden llegar a constituir un porcentaje considerable de nuestros ingresos. Como su propio nombre indica, estos gastos son como hormigas: un solo insecto no parece una amenaza, pero un enjambre puede causar serios problemas.

Por eso, es esencial que no pases por alto estos gastos hormiga en tu presupuesto. Deberás considerar cada uno de ellos y pensar en qué medida están contribuyendo a tus objetivos financieros y en qué medida podrían estar impidiéndote alcanzarlos.

¿Están estos gastos hormiga mermando tu capacidad para ahorrar para ese viaje al extranjero o para comprar esa casa de tus sueños? Si es así, puede que sea el momento de replantearte esos gastos y buscar maneras de reducirlos o eliminarlos por completo.

Por otra parte, siguiendo el hilo del registro de tus gastos, es útil dividirlos en dos categorías: gastos fijos y gastos variables. Los gastos fijos son aquellos que no cambian mes a mes. Esto incluye cosas como tu alquiler o pago de la hipoteca, pagos de préstamos, seguros y facturas de servicios públicos. Estos son gastos que puedes contar cada mes, y son una parte importante de tu presupuesto.

Los gastos variables, por otro lado, son aquellos que pueden cambiar de un mes a otro. Estos pueden incluir cosas como: comida, entretenimiento, ropa y cualquier otra cosa que pueda variar en función de tus hábitos de consumo. Estos gastos pueden ser un poco más difíciles de predecir, pero si mantienes un registro de ellos durante varios meses, comenzarás a ver patrones que te ayudarán a predecirlos con mayor precisión.

Para registrar tus gastos, puedes usar una hoja de cálculo, una aplicación de presupuesto, o incluso el antiguo método de lápiz y papel. Por ejemplo, yo utilizo Bluecoins, una aplicación que te permite registrar y categorizar tus gastos. Es gratuita y también tiene una versión premium de un solo pago de por vida y sin suscripciones. Probé varias aplicaciones, pero esta fue la que mejor funcionó para mí.

Una vez que hayas registrado tus gastos durante un mes, podrás ver exactamente a dónde se va tu dinero. Esto te dará una visión clara de tus hábitos de gasto actuales, y te permitirá ver dónde podrías hacer cambios para ayudarte a alcanzar tus metas financieras.

Paso 3: Crear tu presupuesto

Después de identificar tus ingresos y registrar todos tus gastos, el siguiente paso es crear tu presupuesto. Esta parte puede parecer desalentadora, pero realmente es donde toda tu ardua labor comienza a dar frutos.

Para comenzar a formular tu presupuesto, resta tus gastos totales de tus ingresos totales. El número que obtienes aquí te dará una visión clara de si estás viviendo dentro de tus posibilidades. Si el número es positivo, eso es una gran señal: estás gastando menos de lo que ganas. Sin embargo, si el número es negativo, indica que estás gastando más de lo que ganas, y es un signo de que necesitas hacer algunos ajustes.

Un método eficaz para ajustar tu presupuesto y maximizar la eficiencia financiera es la regla del 50/30/20. Esta regla es una guía que divide tus ingresos después de impuestos en tres categorías:

Necesidades (50%): Este es el dinero que debes destinar a tus gastos fijos, esas cosas esenciales que necesitas para vivir. Esto incluirá cosas como tu alquiler o hipoteca, facturas de servicios públicos, alimentos y transporte.

Deseos (30%): Estos son tus gastos variables, las cosas que te gustan pero que no son esenciales para tu supervivencia. Esto puede incluir salidas a comer, entradas de cine, compras de ropa o el café que tanto te gusta.

Ahorros o pago de deudas (20%): Este es el dinero que debes guardar para el futuro o para pagar cualquier deuda existente. Esto puede ser en una cuenta de ahorros, una inversión, o pagos para reducir tu deuda.

Al seguir esta regla, te aseguras de que cubres tus necesidades básicas, te dejas algo para los placeres de la vida y, lo que es más importante, te estás haciendo cargo de tu futuro financiero. Puede llevar un poco de tiempo ajustarte a este sistema, pero con el tiempo, encontrarás que este enfoque del presupuesto te ofrece una hoja de ruta clara para mantener tus finanzas en orden.

Si bien la regla del 50/30/20 es un excelente punto de partida para la distribución de tus ingresos, la clasificación y separación de tus gastos puede ser la clave para garantizar que estás realmente maximizando tu eficiencia financiera. Considerar el uso de una tarjeta de débito o crédito prepagada puede ser una buena estrategia.

Al inicio de cada mes, puedes cargar una cantidad específica de dinero en la tarjeta para cubrir tus gastos variables. Esta cantidad debería determinarse de acuerdo con tu presupuesto. Una vez que el dinero se ha gastado, no puedes gastar más hasta que recargues la tarjeta en el próximo mes. Este método pone un límite firme a tus gastos y te ayuda a evitar la tentación de gastar más de lo que te puedes permitir.

Para tus gastos fijos, puedes seguir utilizando tu cuenta bancaria principal. Los ahorros, por otro lado, podrían depositarse en una cuenta de ahorros separada para evitar la tentación de gastarlos.

Si buscas opciones de tarjetas prepagadas y te encuentras en México o incluso a nivel internacional, te interesará saber que hay una gran variedad de ellas, todas con diferentes costos y características.

Por ejemplo, para quienes están en México, destaca la tarjeta prepago de BBVA, que no implica ninguna comisión y te da la libertad de realizar compras tanto online como en tiendas físicas, además de permitirte retirar efectivo en cajeros automáticos.

En la misma línea, y para aquellos que buscan una opción a nivel internacional, encontramos la tarjeta prepago de Bnext, que al igual que la de BBVA, está exenta de comisiones y es útil para compras online y físicas, permitiendo también la retirada de dinero en cajeros.

Por último, la tarjeta prepago de Revolut emerge como otra excelente alternativa internacional, también libre de comisiones, y con las mismas ventajas para hacer compras y retirar efectivo.

Adicionalmente, si prefieres evitar la implicación directa con los bancos por el momento, puedes considerar una tarjeta de regalo recargable, una opción simple que puede ayudarte a mantener un control sobre tus gastos. Recuerda, independientemente del método que elijas para categorizar y separar tus gastos, la clave es la consistencia. Mantén la disciplina y sigue tu plan, y pronto verás el progreso hacia tus metas financieras.

Ahora, te encuentras equipada con un mapa claro que te guiará a través del terreno a veces complicado del presupuesto. En esta travesía, tienes un faro: tus metas financieras. Y el presupuesto es el barco que te llevará allí. Navegar con diligencia y prestar atención al viento y las mareas, tus ingresos y gastos, te ayudará a mantener el rumbo.

Si en este momento te parece desalentador, recuerda que cada gran viaje comienza con un pequeño paso. El mero acto de comenzar a hacer un presupuesto ya es un logro que te sitúa por delante de muchas personas que navegan sin rumbo en el mar de las finanzas. Descarga la plantilla de Excel 50/30/20 del siguiente enlace:

Ahora, ¿te has preguntado alguna vez cuánto de lo que gastas realmente necesitas y cuánto es simplemente deseo o impulso momentáneo? Porque ese es el próximo desafío.

3.2. Identificación de gastos innecesarios

¿Has escuchado alguna vez la historia de Johnny Depp y su extravagante gasto en vino? El actor de Hollywood, conocido por sus papeles en películas como "Piratas del Caribe", tiene un gusto particular por el vino francés de alta gama. Según los informes, Depp gastaba alrededor de $30,000 dólares al mes solo en vino. En 2018, su hábito de gasto excesivo lo llevó a demandar a sus asesores financieros por mal manejo de sus finanzas, alegando que habían permitido que su riqueza se evaporara. ¿El problema? Un análisis de sus gastos reveló un patrón de compras y costos exorbitantes y, a menudo, innecesarios.

La historia de Depp nos lleva a la siguiente pregunta: ¿Cómo identificamos los gastos innecesarios en nuestro presupuesto y cómo los reducimos o eliminamos? El derroche financiero puede ser muy fácil de pasar por alto, especialmente cuando se trata de pequeñas compras que se acumulan con el tiempo. En este subtema, aprenderemos a identificar estos gastos superfluos y a entender cómo pueden afectar nuestras metas financieras a largo plazo.

En el mundo de las finanzas personales, un axioma bastante famoso dice: "No es la riqueza lo que ganas, sino lo que ahorras, lo que te enriquece". Este principio, atribuido al autor y orador de renombre mundial Robert Kiyosaki, resalta el papel crucial que juegan los gastos innecesarios en nuestras finanzas.

Los gastos innecesarios, también conocidos como gastos superfluos, son aquellos que no aportan valor significativo a nuestra vida, ni nos acercan a nuestros objetivos financieros a largo plazo. Son los gastos que solemos hacer por impulso, o porque estamos siguiendo un hábito, y no porque necesitemos realmente lo que estamos comprando.

La identificación de estos gastos innecesarios puede ser un desafío. En primer lugar, estamos programados para buscar la gratificación inmediata, y a menudo justificamos estos gastos como "pequeños placeres". En segundo lugar, estos gastos a menudo son pequeños en comparación con nuestros ingresos o gastos generales, por lo que pueden pasar desapercibidos.

Pero, al igual que una gota de agua puede horadar la roca más dura con el tiempo, estos pequeños gastos pueden sumarse y tener un impacto significativo en nuestras finanzas. De hecho, podríamos estar sorprendidos de cuánto dinero podríamos ahorrar simplemente eliminando estos gastos innecesarios.

Para identificar estos gastos, necesitamos estar dispuestos a mirar nuestras finanzas con un ojo crítico y ser honestas con nosotras mismas. Es útil hacerse preguntas como: ¿Realmente necesito esto? ¿Estoy comprando esto por hábito o por necesidad? ¿Podría usar este dinero de una manera que me acerque más a mis objetivos financieros?

La identificación y eliminación de los gastos innecesarios es un paso crucial hacia la eficiencia financiera y la creación de riqueza. Como dijo alguna vez Benjamin Franklin: "Cuida los centavos y los dólares se cuidarán solos".

Seguramente, eres una mujer soltera y profesional, con una vida ocupada y en constante movimiento. A pesar de que manejas bien tus finanzas, siempre parece que el dinero se escapa sin que te des cuenta... ¿y qué ha pasado? Puede que te sorprenda la cantidad de dinero que se va en gastos que parecen pequeños e insignificantes, pero que se acumulan con el tiempo.

Por ello, te propongo un simple pero efectivo ejercicio para identificar estos gastos innecesarios, lo llamaremos el "Detector de $$$ Desperdiciados". Aquí está cómo funciona:

Registra cada gasto: Durante un mes, registra cada gasto que hagas, por pequeño que sea. Desde el café que compras por la mañana hasta los boletos del cine, los cargos recurrentes de las suscripciones, todo. La clave aquí es ser exhaustiva.

Categoriza tus gastos: Al final de cada semana, revisa tu diario de gastos y categoriza cada uno. ¿Es un gasto necesario (como el alquiler o la comida) o es un lujo (como salir a cenar o comprar ropa nueva)?

Evalúa tus gastos: Al final del mes, revisa las categorías y piensa críticamente sobre dónde va tu dinero. ¿Hay áreas en las que estás gastando más de lo que pensabas? ¿Hay gastos que podrías recortar o eliminar por completo?

Este ejercicio te ayudará a tener una visión clara de dónde va exactamente tu dinero y te permitirá identificar los gastos innecesarios. Repítelo cada par de meses para mantener el control de tus finanzas y observar la evolución de tus hábitos de gasto.

Como mencionó el célebre escritor estadounidense Henry David Thoreau: "El costo de algo es la cantidad de lo que llamo vida que se requiere para ser cambiado por ello, inmediata o a largo plazo". Este ejercicio es una forma efectiva de evaluar el "costo" de tus gastos en términos de la vida que estás cambiando por ellos.

Una vez identificados los gastos innecesarios, el siguiente paso es decidir qué hacer con ellos. No todos los gastos innecesarios deben eliminarse por completo. Algunos podrían ser reducidos o sustituidos por opciones más económicas, y otros, en función de su valor para ti, podrían conservarse.

Analiza el valor que aportan: Antes de tomar una decisión, considera el valor que cada gasto innecesario aporta a tu vida. Si es un café diario que te permite tener un momento tranquilo antes de empezar tu día, podría valer la pena conservarlo. Sin embargo, si es una suscripción a un servicio que apenas utilizas, podrías considerar cancelarla.

Busca alternativas más económicas: Si el gasto agrega valor pero es costoso, considera si hay alternativas más económicas disponibles. Por ejemplo, si disfrutas del café por la mañana pero te das cuenta de que está sumando una suma considerable cada mes, considera invertir en una cafetera y hacer tu café en casa.

Haz un plan gradual de reducción: Si un gasto es alto pero te resulta difícil eliminarlo de golpe, intenta hacer un plan para reducirlo gradualmente. Por ejemplo, si comes fuera cuatro veces por semana, podrías intentar reducirlo a tres, luego a dos, y así sucesivamente.

Recuerda, el objetivo no es necesariamente vivir una vida de privaciones, sino alcanzar un equilibrio en el que estés gastando tu dinero en lo que realmente aporta valor a tu vida. La eliminación o reducción de un gasto innecesario puede afectar tu estilo de vida, pero a menudo, el impacto puede ser positivo. Te estarás liberando de gastos que no agregan valor significativo a tu vida, y estarás liberando recursos que pueden ser redirigidos hacia tus metas financieras más importantes. Es un ejercicio de autoconciencia y toma de decisiones informadas, que al final, te empodera a tomar control de tus finanzas y tu vida.

Tras identificar y examinar tus gastos innecesarios, te encuentras en una mejor posición para tomar decisiones conscientes sobre tus finanzas. Ahora, ¿qué pasa si esos gastos innecesarios ya se han reducido al mínimo o son irremplazables debido a su valor personal para ti? ¿Significa eso que ya no hay lugar para una mayor optimización en tu presupuesto? Absolutamente no.

Aquí es donde entra en juego la evaluación de tus gastos fijos y variables. ¿Hay maneras de reducir estos gastos y todavía disfrutar de las mismas comodidades?

¿Es posible, por ejemplo, reducir tus facturas mensuales de servicios públicos, o encontrar una alternativa de seguro de coche más económica? ¿Podrías reducir la frecuencia con la que comes fuera sin sacrificar la satisfacción que te proporciona?

Este proceso puede parecer intimidante al principio, pero recuerda, cada pequeño cambio suma. ¿Cómo se debe continuar cuando comenzamos a hablar de reducir los gastos fijos y variables?

3.3. Cómo reducir gastos fijos y variables

Haciendo eco a las palabras de David Bach en su libro "La fórmula del millonario automático", el secreto para alcanzar la libertad financiera no radica en aumentar tus ingresos, sino en reducir tus gastos. No se trata únicamente de tus ingresos, sino de la cantidad real que te queda después de todo. Ahora, con ese conocimiento en mano, nos enfrentamos al siguiente dilema: ¿cómo podemos reducir nuestros gastos fijos y variables sin sacrificar nuestra calidad de vida o los placeres que más valoramos?

Es un desafío de proporciones enormes, pero no imposible. Los gastos fijos, aquellos pagos regulares y predecibles como el alquiler o la hipoteca, los servicios públicos y los seguros, pueden parecer inmutables. Los gastos variables, por otro lado, parecen más flexibles pero también más difíciles de controlar, ya que incluyen cosas como alimentos, ropa, entretenimiento, y otras categorías que pueden fluctuar drásticamente de un mes a otro.

Entonces, ¿cómo nos movemos en este paisaje financiero en constante cambio sin poner en riesgo nuestra estabilidad y satisfacción? ¿Cómo podemos hacer cambios inteligentes que reduzcan nuestros gastos, pero que no nos hagan sentir como si estuviéramos perdiendo algo valioso en el proceso?

Todos, independientemente de nuestros ingresos, tenemos la capacidad de tomar decisiones conscientes y efectivas para reducir nuestros gastos y mejorar nuestra salud financiera. Esto puede parecer una tarea desalentadora, especialmente si sientes que ya estás haciendo todo lo posible para ahorrar. Pero, como señaló Bach, no se trata de cuánto ganas, sino de cuánto te queda.

Empecemos por los gastos fijos. Estos son pagos regulares, como la renta o hipoteca, servicios públicos, seguros, y quizás una cuota de gimnasio o el costo de un servicio de streaming. Estos gastos suelen ser predecibles y constantes, lo que puede dar la impresión de que son inamovibles. Pero eso no es necesariamente cierto. En muchos casos, existen alternativas más económicas o formas de renegociar estos costos fijos.

Por ejemplo, si estás pagando una alta prima de seguro, podría valer la pena investigar otras compañías de seguros para ver si puedes obtener una mejor tarifa. Si el alquiler o la hipoteca se llevan una gran parte de tus ingresos, podrías considerar compartir vivienda para repartir los costos, o incluso mudarte a una zona más asequible.

En cuanto a los gastos variables, estos pueden fluctuar de un mes a otro y dependen de tu comportamiento de consumo. Incluyen cosas como comestibles, ropa, entretenimiento, transporte y otros gastos de estilo de vida. Si bien estos gastos son más flexibles, también pueden ser más difíciles de controlar, ya que a menudo implican decisiones cotidianas y habituales. Entonces, ¿los gastos variables son la misma cosa que los gastos innecesarios? Absolutamente no.

Los gastos variables y los gastos innecesarios son conceptos diferentes, pero pueden estar relacionados: los gastos innecesarios son un subconjunto de gastos variables. No todos los gastos variables son innecesarios, pero todos los gastos innecesarios son variables.

Aunque tanto los gastos variables como los gastos innecesarios pueden fluctuar y ser ajustados, la principal diferencia radica en la necesidad y el valor que cada uno aporta a nuestra vida. Los gastos variables están vinculados a nuestras necesidades y deseos, aunque estos cambien con el tiempo y las circunstancias. Por otro lado, los gastos innecesarios son aquellos que no aportan un valor significativo a nuestras vidas o aquellos para los que existen alternativas más eficientes en términos de costos.

Por lo tanto, mientras que los gastos variables son flexibles y ajustables en función de nuestras necesidades y circunstancias, los gastos innecesarios son aquellos que, al ser eliminados o reducidos, no tendrían un impacto notable en nuestra calidad de vida y nos permitirían ahorrar. En otras palabras, los gastos innecesarios suelen ser aquellos gastos variables que podríamos y deberíamos reducir o eliminar por completo para mejorar nuestra salud financiera.

Imaginemos a Amanda, una mujer soltera de 30 años que vive en la ciudad y trabaja en una empresa de tecnología. Amanda tiene una variedad de gastos cada mes, tanto fijos como variables.

Uno de los gastos variables de Amanda es su factura de electricidad. Este es un costo que cambia de un mes a otro, dependiendo de cuánta electricidad use. En invierno, por ejemplo, puede utilizar más electricidad para calentar su apartamento, mientras que en verano, la factura puede ser más baja. Aunque este es un gasto variable, es necesario para Amanda mantener su hogar cálido y funcional.

Ahora, uno de los gastos innecesarios de Amanda es su suscripción a un gimnasio de lujo. Ella paga una suma considerable cada mes pero, al mirar su rutina, se da cuenta de que solo asiste al gimnasio un par de veces al mes. Además, Amanda vive en una ciudad con un clima templado y tiene varias rutas de senderismo y parques a su disposición. Por lo tanto, la suscripción al gimnasio, aunque es un gasto variable, se convierte en un gasto innecesario porque no está obteniendo un valor significativo de él, y existen alternativas más económicas y eficientes disponibles.

En este ejemplo, aunque tanto la factura de electricidad como la suscripción al gimnasio son gastos variables, uno es necesario (la electricidad) y el otro es innecesario (la suscripción al gimnasio), destacando la diferencia entre los dos tipos de gastos.

"Pero, ¿la luz no sería un gasto fijo?" podrías estar preguntándote. Es cierto, el pago por la electricidad es una factura recurrente que recibimos mes tras mes, pero este es un caso donde los matices importan. Aunque la electricidad es un gasto que tenemos que cubrir todos los meses, la cantidad de este varía dependiendo de cuánto la usamos. En el verano, es posible que usemos más energía debido al uso del aire acondicionado, mientras que en los meses de invierno podríamos consumir menos. Este patrón de variabilidad lo clasifica como un gasto variable.

Sin embargo, hablemos del alquiler de Amanda. Ella paga un monto específico cada mes, sin importar lo que suceda. Este es un ejemplo claro de un gasto fijo. No puede reducir su alquiler a la mitad solo porque decida pasar dos semanas fuera de casa.

Aquí, la clave es la moderación y la conciencia. ¿Realmente necesitas ese par de zapatos nuevo o puedes arreglártelas con lo que ya tienes? ¿Podrías preparar café en casa en lugar de comprarlo fuera? ¿Y qué hay del transporte? ¿Podrías compartir el coche, usar más el transporte público o incluso caminar o usar la bicicleta para reducir tus costos de combustible?

Recuerda la cita de Warren Buffet: "No ahorres lo que queda después de gastar; gasta lo que queda después de ahorrar". Este principio se aplica tanto a los gastos fijos como a los variables. Pero, ¿qué sucede después de que hemos identificado y reducido nuestros gastos innecesarios y hemos optimizado nuestros gastos variables y fijos? Aquí es donde entra en juego el ahorro a corto plazo. Priorizar el ahorro y la inversión sobre el gasto impulsivo puede ayudarte a reducir estos gastos y a construir riqueza a largo plazo.

Tener la habilidad de ahorrar efectivamente es una parte esencial de cualquier plan financiero sólido. Y, ¿cómo comenzamos a ahorrar a corto plazo y qué implica exactamente?

4 AHORRO A CORTO PLAZO

El ahorro, en su esencia más pura, es la parte de los ingresos que no se consume inmediatamente y se aparta para su uso futuro. Es una práctica que toma tiempo y disciplina, pero su impacto en nuestra vida financiera es profundo. Ahorrar nos permite estar preparados para cualquier eventualidad o gasto inesperado, invertir en nuestras metas a largo plazo y tener un colchón de seguridad que nos da tranquilidad.

La importancia del ahorro no puede ser subestimada. Puede marcar la diferencia entre luchar financieramente y tener la capacidad de tomar decisiones financieras estratégicas con confianza. En resumen, los ahorros nos dan libertad.

Para ilustrar la importancia del ahorro, tomemos el ejemplo de la famosa presentadora de televisión y empresaria Oprah Winfrey. Winfrey, una de las mujeres más ricas y exitosas del mundo, tuvo una infancia marcada por la pobreza. Sin embargo, fue capaz de transformar su situación gracias a su talento, determinación y una visión clara de sus metas.

A lo largo de su carrera, Winfrey ha hablado de la importancia del ahorro y la inversión. Incluso con su éxito y riqueza, ella ha demostrado una habilidad impresionante para administrar su dinero. Su sabiduría y disciplina en el ahorro le permitieron tener la libertad para tomar riesgos en su carrera, invertir en sus propias empresas y, en última instancia, acumular una fortuna.

Este caso demuestra que, sin importar cuánto dinero se gane, la clave para el éxito financiero a largo plazo es administrar y ahorrar sabiamente ese dinero. Ahorrar no solo nos proporciona una red de seguridad, sino que también nos brinda la libertad de seguir nuestros sueños y tomar decisiones basadas en lo que queremos, en lugar de lo que podemos permitirnos.

Ahora bien, no todo el ahorro tiene que ser a largo plazo. De hecho, existen beneficios significativos en la creación de un "colchón" financiero a corto plazo. El ahorro a corto plazo es un fondo que se crea con el propósito de cubrir necesidades o metas financieras que se esperan en un futuro cercano, generalmente dentro de un año o dos.

Estos ahorros a corto plazo pueden abrir un abanico de posibilidades y seguridades. Imagina por un momento que llevas tiempo soñando con tomarte unas merecidas vacaciones o con adquirir ese dispositivo de última generación que facilitaría tu trabajo diario. Pues bien, un plan de ahorro a corto plazo puede ser el trampolín que necesitas para conseguirlo sin que suponga un golpe a tus finanzas. Este tipo de ahorro puede convertir esos sueños en una realidad accesible, sin poner en peligro la salud de tus finanzas a largo plazo.

Quizás lo más importante, y que a veces tendemos a pasar por alto, es que este tipo de ahorro puede ser el salvavidas ante imprevistos que requieran de una inversión repentina. Imagina que tu coche sufre una avería importante, o que te enfrentas a una factura médica inesperada; en estos casos, contar con un colchón económico puede hacer la diferencia entre un momento de estrés financiero o una solución rápida y sin agobios.

En conclusión, el ahorro a corto plazo no solo te brinda la oportunidad de disfrutar y aprovechar las cosas que te gustan, sino que también te proporciona una capa de seguridad financiera que te permitirá navegar con tranquilidad por los retos inesperados de la vida.

4.1. Estrategias para ahorrar en el día a día

¿Recuerdas la película "Up in the air", protagonizada por George Clooney? En "Up in the Air", George Clooney interpreta a Ryan

Bingham, un consultor corporativo cuyo trabajo es volar por todo el país para facilitar los despidos y las reestructuraciones de las empresas. Su vida en constante movimiento lo ha llevado a perfeccionar el arte de viajar de manera eficiente y económica. Por ejemplo, es muy consciente de los programas de lealtad de las aerolíneas y hoteles, acumulando millas y puntos que luego utiliza para viajes personales gratuitos o mejoras de categoría.

Además, Ryan evita los costos innecesarios durante sus viajes. Él embala de manera eficiente para evitar los cargos por equipaje, elige opciones de comida y bebida rentables y utiliza transporte público cuando es posible para ahorrar en costos de taxis o alquiler de autos.

La lección principal aquí es que, a través de una serie de pequeñas decisiones y acciones cotidianas, Ryan logra ahorrar una cantidad considerable de dinero a lo largo del tiempo, lo cual es un componente clave de su estilo de vida nómada.

Lo que se espera es que, al igual que Ryan, podamos adoptar una mentalidad de ahorro en nuestro día a día, para así ver cómo esos pequeños ahorros pueden sumar grandes beneficios a largo plazo. ¿Pero cómo aplicamos esta mentalidad a nuestras vidas diarias? ¿Cómo creamos estrategias de ahorro efectivas que nos permitan maximizar nuestros ingresos sin sacrificar nuestra calidad de vida? Eso es precisamente lo que vamos a explorar en este subtema.

Siguiendo la senda que nos marca Ryan y las enseñanzas que podemos extraer de su estilo de vida, surgen cuestiones muy pertinentes. Si bien no todos vivimos "en el aire", como él, su filosofía de vida sí nos ofrece pautas muy valiosas. El día a día está repleto de oportunidades para el ahorro, para la contención y la reflexión sobre cómo y en qué gastamos nuestros recursos. De esta manera, poco a poco, nuestros pequeños ahorros pueden crecer hasta convertirse en sumas significativas que nos ofrecen una mayor libertad y seguridad financiera.

Consideremos el caso de Ariana Huffington, fundadora del Huffington Post. Esta emprendedora y periodista de renombre, conocida por su ética de trabajo incansable, también es un gran ejemplo de cómo implementar estrategias de ahorro diarias. Aunque ahora es una empresaria de éxito, hubo un tiempo en el que tuvo que ahorrar y administrar de forma inteligente sus limitados recursos. Para Ariana, un aspecto crucial era el enfoque en la salud y el bienestar, evitando gastos superfluos en salidas nocturnas y lujos innecesarios. Incluso cuando su situación financiera mejoró, ella siguió siendo consciente de sus gastos, optando por invertir en su bienestar y en su negocio, en lugar de gastar innecesariamente.

La experiencia de Ariana Huffington nos lleva a una distinción crucial en la administración financiera: la diferencia entre gastos e inversiones.

Los gastos son las salidas de dinero que realizamos regularmente y que nos permiten vivir nuestra vida diaria. Estos pueden ser gastos necesarios, como la renta o la comida, o gastos innecesarios, como los lujos efímeros que mencionamos antes. Los gastos, en su mayor parte, son consumibles, lo que significa que una vez que gastamos el dinero, no obtenemos un retorno tangible o duradero.

Las inversiones, por otro lado, son las asignaciones de dinero que hacemos con la expectativa de obtener un beneficio o retorno. A diferencia de los gastos, las inversiones tienen el potencial de proporcionarnos ganancias a largo plazo. Por ejemplo, la compra de una casa, la inversión en nuestra educación o la creación de un fondo de ahorro son todas formas de inversiones. Estas no sólo nos brindan valor a largo plazo, sino que también tienen el potencial de crecer y generar más valor a lo largo del tiempo.

El caso de Ariana es ilustrativo. Ella invirtió en su salud y bienestar, y en su negocio, en lugar de gastar innecesariamente. ¿Por qué? Porque entendía que invertir en sí misma y en su trabajo tenía un retorno a largo plazo. Ella se convirtió en una versión más saludable y productiva de sí misma, y su negocio creció y se convirtió en un medio influyente. En contraste, los lujos efímeros, aunque gratificantes en el corto plazo, no le habrían proporcionado un beneficio duradero.

Al adoptar una mentalidad de ahorro, es importante que también adoptemos una mentalidad de inversión. Es crucial que nos hagamos la siguiente pregunta: "¿Este gasto generará un beneficio duradero?" De igual forma, es esencial evaluar si hay otras opciones disponibles para aprovechar este dinero de manera que nos brinde un mayor valor a largo plazo. Al hacerlo, estaremos en camino de ahorrar e invertir en nuestra propia versión exitosa del futuro, siguiendo el ejemplo de Ariana Huffington.

A veces, la idea de ahorrar dinero puede parecer desalentadora. Pensamos en grandes recortes de gastos, sacrificios y privaciones. Sin embargo, el ahorro no tiene por qué ser un gran cambio de estilo de vida, y puede ser tan simple como ajustar pequeños hábitos cotidianos. Las gotas de agua hacen un río, y de la misma forma, los pequeños ahorros pueden sumarse hasta convertirse en una gran suma.

Aquí te presentamos cuatro estrategias prácticas que puedes aplicar en tu día a día para ayudarte a ahorrar sin sentir que te estás privando de lo que disfrutas. Dos de ellas están basadas en consejos de conocidos autores en el mundo de las finanzas, y las otras dos son estrategias innovadoras que hemos desarrollado teniendo en mente tu estilo de vida y necesidades.

Recuerda que cada paso, por pequeño que parezca, te acerca más a tu objetivo. No te preocupes por la distancia al final del camino, solo enfócate en el próximo paso. Así, poco a poco, verás cómo se acumulan los ahorros y cómo tu seguridad financiera crece cada día. No subestimes el poder de los pequeños cambios: así como un largo viaje comienza con un solo paso, un gran ahorro comienza con una sola moneda.

Método "Una Menos" *(Basado en "El Desafío del Ahorro" por Danielle Wagasky):* Imagina que cada mañana, de camino al trabajo, te detienes en tu cafetería favorita para tomar un café con leche. Un día, decides saltarte este ritual. Te das cuenta de que, aunque te encanta tu café matutino, puedes pasar un día sin él. Este pequeño acto de resistencia, de decir "no" a algo que normalmente comprarías, es en realidad un paso hacia el ahorro. Cada vez que decides no hacer esa compra, el dinero que habrías gastado se convierte en ahorro. Tal vez no sientas la diferencia el primer día, o incluso la primera semana, pero a lo largo del mes, estos ahorros acumulados pueden sorprenderte. ¿Qué tal si, el monto que habría sido destinado a cada compra no-hecha, lo guardas en algún apartado dentro de tu cuenta de banco?

¡Imagina las posibilidades!

La regla "Caminar antes de Uber" *(Basado en "El Efecto Latte" por David Bach):* Supón que tienes que ir a una tienda que está a una milla de distancia. Usualmente, tomarías un Uber o conducirías tu propio vehículo, pero hoy decides caminar. Con esta simple decisión, no solo ahorras el dinero del viaje, sino que también te das un tiempo para disfrutar del aire libre, quizás descubres una nueva tienda en el camino, y encima estás mejorando tu salud con un poco de actividad física. Al adoptar este hábito, empiezas a notar cuánto puedes ahorrar en transporte a lo largo del tiempo, y cómo eso puede contribuir a tus metas de ahorro a corto plazo.

Estrategia "El Minuto de Reflexión": Estás en una tienda y ves un par de zapatos que te gustan. Sin pensarlo, estás a punto de tomarlos e ir a la caja registradora, pero entonces recuerdas la Estrategia del Minuto de Reflexión. Así que te tomas un momento para pensar. ¿Necesito realmente estos zapatos? ¿Tengo otros parecidos en casa? ¿Este dinero podría usarse para algo más importante? Este breve periodo de reflexión te ayuda a evitar compras impulsivas y te mantiene enfocada en tus metas financieras.

¿Y sabes por qué la Estrategia del Minuto de Reflexión es tan efectiva? Entender este mecanismo nos puede ayudar a controlar mejor nuestros impulsos de compra.

Cuando vemos un par de zapatos que nos encantan en una tienda, nuestro cerebro inmediatamente empieza a imaginar todas las maneras en las que podríamos usar esos zapatos, los outfits que podríamos crear, cómo nos veríamos con ellos y la sensación de tener algo nuevo y emocionante. Este proceso es completamente natural, y es impulsado por neurotransmisores como la dopamina, que se liberan en nuestro cerebro y nos provocan una sensación de placer y euforia. Es lo que los científicos llaman la "recompensa anticipada", y es increíblemente potente.

Sin embargo, este impulso inicial no dura para siempre. De hecho, los neurocientíficos han descubierto que, si podemos retrasar la gratificación, la intensidad de este impulso disminuye con el tiempo. Este es el principio detrás de la Estrategia del Minuto de Reflexión. Al darnos un momento para pensar en lugar de actuar inmediatamente sobre nuestro impulso, permitimos que nuestro cerebro tenga tiempo para "enfriarse". Durante este minuto, nuestra lógica y juicio pueden retomar el control y evaluar si la compra es realmente necesaria o si se ajusta a nuestras metas financieras.

Algunos estudios han sugerido que el simple acto de esperar diez minutos puede ser suficiente para reducir la intensidad del impulso de compra. Pero la belleza de la Estrategia del Minuto de Reflexión es que no necesitas un temporizador para implementarla. Simplemente necesitas recordarte a ti misma que tomes un momento para reflexionar antes de hacer una compra impulsiva. Este hábito, cuando se practica regularmente, puede fortalecer tu autocontrol y ayudarte a tomar decisiones financieras más conscientes y deliberadas. En última instancia, este es el tipo de comportamiento que puede llevar a un ahorro significativo a corto (e incluso largo) plazo.

Técnica "El Día Sin Gasto": Es domingo, el día que has elegido como tu "Día Sin Gasto". Te has preparado para esto, asegurándote de tener comida en casa y no tener planes que impliquen gastar dinero. Puede que al principio te resulte difícil, pero a medida que pasa el día, te das cuenta de que no es tan malo. Incluso disfrutas del desafío de encontrar formas de entretenerte sin gastar dinero. Al final del día, te sientes realizada y orgullosa de ti misma por haber cumplido con tu compromiso. Y lo más importante, te das cuenta de que puedes ahorrar dinero siendo más consciente y planificando con antelación.

Uno podría encontrar un paralelo interesante con las prácticas observadas en varias religiones. Tomemos, por ejemplo, la tradición del "Sabbath" en el judaísmo o "Domingo de Guardar" en el cristianismo.

El Sabbath, observado desde el viernes por la noche hasta el anochecer del sábado en la tradición judía, es un día de descanso, reflexión y abstención de las labores cotidianas. Algo similar ocurre en el cristianismo, donde el domingo se considera un día de descanso y adoración, a menudo evitando las actividades comerciales. Ambas prácticas tienen una cosa en común: la abstención intencional de ciertas actividades y la creación de espacio para la contemplación y la recarga.

Ahora bien, la Técnica "El Día Sin Gasto" puede parecer diferente en la superficie, pero en esencia, comparte algunas similitudes con el Sabbath o el Domingo de Guardar. Es un día de intencionada abstención de cierta actividad, en este caso, gastar dinero. Y al igual que el Sabbath, requiere planificación y preparación. Durante este día, tienes la oportunidad de reflexionar sobre tus patrones de gasto y quizás encontrar un mayor aprecio por las cosas que ya tienes.

Este día de abstención también puede ofrecer una sensación de logro y autocontrol. Al igual que los practicantes religiosos se sienten revitalizados y centrados después del Sabbath o el Domingo de Guardar, puedes experimentar una satisfacción similar después de tu Día Sin Gasto porque, haciendo de ese día un hábito, podrás darte cuenta de que puedes vivir y disfrutar sin gastar dinero de forma impulsiva, que tienes la capacidad de controlar tus gastos y de tomar decisiones financieras conscientes.

Entonces, así como el Sabbath o el Domingo de Guardar puede ser una herramienta para el rejuvenecimiento espiritual y la reflexión, la Técnica "El Día Sin Gasto" puede ser una herramienta poderosa para tu salud financiera. Y lo más importante: justo como estas prácticas religiosas, esta técnica te demuestra que el cambio es posible, que puedes establecer nuevas normas y hábitos para ti misma, y que estos pequeños cambios pueden tener un impacto significativo a largo plazo en tu bienestar financiero.

Estas estrategias no están destinadas a hacer que te sientas privada o limitada, ¡al contrario!, son una forma de darte más control sobre tus gastos y de ayudarte a tomar decisiones más conscientes sobre cómo utilizas tu dinero.

Al final del día, lo que importa no es cuánto ganas, sino cuánto ahorras. Y a veces, la clave para ahorrar más no está en ganar más dinero, sino en gastar menos. Las estrategias diarias que hemos explorado en este subtema te ofrecen un camino para hacer precisamente eso.

Estas estrategias no son mágicas. No transformarán tus finanzas de la noche a la mañana. Pero si las implementas consistentemente, si te comprometes a hacer pequeños cambios en tus hábitos diarios, podrías sorprenderte de cuánto puedes ahorrar a corto plazo. Y esos pequeños ahorros pueden ser el primer paso hacia una mayor libertad y seguridad financiera.

Entonces, ¿qué puedes hacer a partir de mañana para empezar a ahorrar más? ¿Cómo puedes aplicar estas estrategias a tus gastos diarios? Y mientras lo piensas, considera esto: el ahorro diario es solo una parte de la ecuación. En el próximo subtema, vamos a explorar cómo puedes ahorrar más en áreas específicas de tu vida: compras, transporte, ocio, y más. Porque, ¿qué pasaría si pudieras llevar tus habilidades de ahorro al siguiente nivel? ¿Y si pudiéramos encontrar formas de ahorrar sin sacrificar las cosas que más disfrutamos? ¿Estás lista para descubrirlo?

4.2. Cómo ahorrar en compras, transporte, ocio, etc.

4.2.1. Cómo ahorrar en compras

Al pasear por el centro comercial o hacer clic en tu tienda en línea favorita, a veces puede parecer que cada producto está llamándote, exigiendo que te desprendas de tus duramente ganados ahorros para llevártelo a casa. Pero, ¿cómo podemos hacer compras inteligentes sin sacrificar nuestras necesidades y deseos? ¿Es posible ahorrar en este proceso que parece estar diseñado para hacernos gastar?

Para empezar, la planificación es esencial. Esto puede sonar obvio, pero en la era de la gratificación instantánea y las compras impulsivas, este paso básico puede ser fácilmente olvidado. Un método simple pero efectivo es hacer una lista de compras antes de salir de casa o visitar una tienda en línea. No solo debes hacer la lista, sino que debes comprometerte a ceñirte a ella.

Tomemos como ejemplo a Dalia, una joven soltera que trabaja como diseñadora gráfica. Cada mes, antes de que le paguen, hace una lista de todo lo que necesita y lo que desea comprar, diferenciando claramente entre los dos. Si ve algo que quiere pero que no está en su lista, lo anota para considerarlo para el próximo mes, en lugar de comprarlo impulsivamente.

Si tu deseo es comenzar a ahorrar en las compras, establece un "día de lista" cada mes, donde hagas tu lista de compras para el próximo mes. Si algo no está en la lista, no lo compres hasta que tengas tiempo para considerarlo y añadirlo a la lista del próximo mes.

4.2.2. Cómo ahorrar en transporte

Ya sea que utilices tu propio vehículo, un servicio de transporte o el transporte público, los costos de transporte pueden sumarse rápidamente. ¿Cómo podemos reducir estos costos sin sacrificar nuestra movilidad?

Una forma efectiva de ahorrar en transporte es considerar las alternativas más económicas disponibles. Si tienes un coche, considera la posibilidad de utilizar el transporte público o la bicicleta para los desplazamientos más cortos. Si dependes de Uber o servicios similares, mira las tarifas de autobús o metro en tu área para ver si son más baratas.

El ejemplo de Dalia aquí es útil de nuevo. Vive en una ciudad con un buen sistema de transporte público, así que decide no tener coche y en su lugar, utiliza una combinación de autobús, bicicleta y a veces Uber para moverse. Incluso ha hecho de los sábados su "día de caminata", donde intenta caminar a todos los lugares a los que necesita ir en lugar de utilizar otro tipo de transporte.

Así como Dalia, tú puedes establecer un "día sin coche" cada semana, donde intentas utilizar únicamente el transporte público, la bicicleta o caminar. Este hábito no solo te ayudará a ahorrar dinero, sino que también es bueno para el medio ambiente.

Para esto, las aplicaciones de transporte público, como Citymapper, te ayudarán a planificar tu ruta y a conocer los horarios y tarifas. Si prefieres una opción más barata, la mayoría de las ciudades tienen mapas gratuitos de su sistema de transporte público disponibles en línea.

4.2.3. Cómo ahorrar en ocio

El ocio es importante. Después de todo, trabajamos duro y merecemos disfrutar de nuestro tiempo libre. Pero, ¿cómo podemos disfrutar de nuestras actividades de ocio favoritas sin romper nuestra hucha?

Un gran consejo aquí es buscar alternativas gratuitas o de bajo costo a las actividades de ocio costosas. ¿Te gusta ir al cine? Busca proyecciones gratuitas en tu comunidad o servicios de streaming más baratos. ¿Te encanta cenar fuera? Intenta cocinar en casa y experimentar con nuevas recetas.

Volviendo a Dalia; le encanta la música en vivo. En lugar de gastar mucho dinero en entradas para grandes conciertos, busca conciertos gratuitos en su ciudad o va a bares con música en vivo y cubiertas bajas.

Una vez al mes puedes intentar una nueva actividad de ocio gratuita o de bajo costo. Este hábito te ayudará a ahorrar dinero y también a descubrir nuevas formas de disfrutar de tu tiempo libre. La aplicación Eventbrite puede ayudarte a encontrar eventos gratuitos o de bajo costo en tu área. Como alternativa más barata, mira los tablones de anuncios comunitarios o las redes sociales locales para eventos gratuitos.

4.2.4. Cómo ahorrar en viajes

¿Quién no ama viajar y explorar nuevos lugares? Sin embargo, las vacaciones pueden ser costosas, especialmente si no se planifican adecuadamente. ¿Cómo podemos satisfacer nuestro deseo de aventura sin gastar todos nuestros ahorros?

Una de las mejores formas de ahorrar en viajes es planificar con anticipación y ser flexible con nuestras fechas y destinos. A veces, volar un día antes o después puede hacer una gran diferencia en los precios. Además, los destinos menos conocidos pueden ofrecer experiencias igualmente gratificantes a un costo mucho menor.

Tomemos como ejemplo a Maria, una ingeniera de software soltera con una pasión por los viajes. Maria utiliza sitios web y aplicaciones de comparación de precios para encontrar las mejores ofertas en vuelos y alojamientos. También está abierta a viajar durante la temporada baja, cuando las tarifas son generalmente más bajas.

Si quieres ahorrar en viajes, haz de tu día de paga un "día de planificación de viajes". Dedica algún tiempo a investigar y planificar tus próximas vacaciones, tomando en cuenta los precios y las ofertas disponibles. Skyscanner y Airbnb son excelentes herramientas para comparar precios y encontrar ofertas en vuelos y alojamientos. Para opciones más baratas, consulta sitios locales de alquiler de vacaciones o intercambios de casas.

4.2.5. Cómo ahorrar en alimentación

La alimentación es una necesidad básica y, a menudo, puede ser un gran gasto, en especial si frecuentemente comes fuera o compras comida preparada. Pero, ¿cómo podemos ahorrar en nuestra alimentación sin sacrificar la calidad o la variedad de nuestras comidas?

Un consejo útil aquí es aprender a cocinar y hacer la mayoría de tus comidas en casa. También puedes hacer un esfuerzo adicional y planificar tus comidas con anticipación, preparando grandes lotes de comidas que puedes congelar y comer durante la semana.

Nuestro ejemplo aquí es Carla, una abogada soltera que solía gastar mucho dinero en almuerzos y cenas fuera. Decidió aprender a cocinar y ahora prepara la mayoría de sus comidas en casa. No solo ha ahorrado dinero, sino que también ha mejorado su dieta.

Tú puedes dedicar un día a la semana, como el domingo, a la preparación de comidas. Cocina varias comidas a la vez y congélalas en porciones para la semana.

Las aplicaciones de recetas, como Yummly, pueden ayudarte a encontrar recetas fáciles y económicas para preparar en casa. Si buscas una opción más barata, hay numerosos blogs y canales de YouTube gratuitos que ofrecen excelentes recetas y consejos de cocina.

4.2.6. Cómo ahorrar en vestimenta

La moda puede ser una forma divertida de expresarse, pero también puede ser costosa. ¿Cómo podemos mantenernos al día con las tendencias y lucir bien sin gastar demasiado?

Una forma de ahorrar en vestimenta es comprar de forma inteligente. Esto podría significar comprar piezas de calidad que durarán, en lugar de ropa barata que se desgastará rápidamente. También puedes considerar la posibilidad de comprar en tiendas de segunda mano o de intercambiar ropa con amigos.

Veamos a Lucía, una profesional de marketing que ama la moda. Lucía ahorra dinero comprando piezas clave de alta calidad y mezclándolas con prendas más baratas para crear su propio estilo único. Cada temporada, invierte en una o dos piezas clave de alta calidad que puedes usar con diferentes conjuntos.

Y tú, ¿cómo puedes ser como Lucía? Las aplicaciones de reventa de moda, como Depop o Poshmark, te permiten comprar ropa de segunda mano a buen precio.

Sin duda, hemos navegado a través de este mar de oportunidades para el ahorro en diversas áreas de nuestras vidas cotidianas. Desde las compras hasta los viajes, hemos desentrañado métodos prácticos y herramientas útiles para maximizar nuestros ahorros sin sacrificar la calidad de vida que tanto valoramos. Hemos comprendido que cada centavo cuenta y que incluso los pequeños ajustes pueden sumar un gran cambio en nuestra economía personal.

Al igual que un atleta olímpico que se enfoca en mejorar su tiempo de carrera, segundo a segundo, también nosotros debemos concentrarnos en aumentar nuestros ahorros, centavo a centavo. Al igual que Ariana Huffington, debemos entender que el ahorro es un camino de constancia, de elecciones inteligentes y de hábitos saludables. Un camino que se recorre un paso, o en nuestro caso, un centavo a la vez.

Y aunque hemos explorado muchas formas de hacer nuestros gastos más eficientes, queda aún una cuestión fundamental por tratar. ¿Cómo reducimos nuestros gastos?

4.3. Trucos para reducir gastos

En nuestra sociedad contemporánea, la constante subida del costo de la vida, desde el alquiler hasta los alimentos y las necesidades básicas, ha hecho que muchos de nosotros nos sintamos como si estuviéramos en un tiovivo financiero. A menudo, parece que por cada paso que damos hacia adelante, somos empujados dos pasos atrás por los crecientes costos. En este contexto, la necesidad de reducir gastos se ha vuelto no solo una opción, sino una necesidad imperante para la supervivencia financiera.

Este desafío económico puede parecer abrumador. Te preguntarás: ¿Cómo puedo mantenerme al día con mis facturas y aún así disfrutar de los placeres de la vida?

¿Cómo puedo mantener un equilibrio saludable entre el disfrute del presente y la preparación para el futuro? ¿Cómo puedo estirar mi presupuesto para cubrir todas mis necesidades y aún así tener un poco de margen para mis deseos?

Todas estas preguntas son válidas y muy pertinentes en nuestro mundo actual. Pero, tal vez, la pregunta más importante que debemos hacernos es: ¿Cómo podemos hacer más con menos?

La respuesta a esta última pregunta puede parecer un acertijo, pero la realidad es que existen estrategias y trucos que podemos implementar para reducir nuestros gastos y maximizar el valor que obtenemos de nuestro dinero. No se trata de privarnos de todo lo que amamos o de vivir una vida de austeridad extrema. Más bien, y como ya se ha mencionado exhaustivamente, se trata de tomar decisiones inteligentes y conscientes sobre cómo gastamos nuestro dinero, de manera que podamos satisfacer nuestras necesidades, disfrutar de nuestros deseos de manera moderada y aún así mantener nuestras finanzas en un estado saludable.

Veamos algunas áreas donde podríamos realizar ahorros significativos sin sacrificar drásticamente nuestra calidad de vida:

1. Energía y servicios públicos

No todos los gastos son fijos y esto aplica a la energía y a los servicios públicos. Aunque parezcan inamovibles, puedes disminuirlos considerablemente con ligeros ajustes en tus hábitos diarios y en tu hogar:

Economizar energía: Muchas de nuestras rutinas cotidianas implican el uso de energía y frecuentemente podemos minimizar su consumo al ser más conscientes de nuestras acciones. Procura apagar las luces cuando dejes una habitación, opta por bombillas LED de bajo consumo y desenchufa los electrodomésticos cuando no estén en uso. En ocasiones, incluso podría ser beneficioso a largo plazo invertir en electrodomésticos que cuenten con alta eficiencia energética.

Conservación de agua: Ahorrar agua no es solo una contribución valiosa al medio ambiente, sino también una manera efectiva de cuidar tu economía. Puedes disminuir tu consumo de agua adoptando hábitos como tomar duchas más cortas, reparar rápidamente los grifos que gotean y asegurarte de que la lavadora y el lavavajillas estén llenos antes de usarlos.

2. Comunicaciones

A menudo, no somos plenamente conscientes de cuánto gastamos en comunicaciones, especialmente si nos encontramos inmersas en el acelerado ritmo de la vida moderna. Esto incluye facturas de telefonía móvil, internet y televisión por cable, servicios que son esenciales pero pueden convertirse en un gran desembolso mensual. Como mujeres independientes y financieramente astutas, es crucial que identifiquemos formas de optimizar estos costos. A continuación, te ofrezco varias estrategias altamente eficaces que puedes poner en práctica para maximizar tus estrategias de ahorro:

Revisar y renegociar tu contrato: Es esencial que revises tus facturas regularmente y que reflexiones si realmente utilizas todos los servicios por los que pagas. Si notas que no es así, puede ser el momento adecuado para renegociar tu contrato o incluso cambiar de proveedor.

Utilizar aplicaciones de comunicación gratuitas: Existen numerosas aplicaciones de comunicación gratuitas que permiten enviar mensajes y realizar llamadas utilizando tu conexión a internet, lo cual podría reducir considerablemente tus costos de telefonía móvil. ¡Evita las llamadas desde tu línea fija!

3. Gastos del hogar

Los gastos domésticos pueden acumularse con rapidez, y estos trucos podrían ayudarte a minimizarlos de forma considerable:

Hazlo tú misma: Existen muchas tareas de mantenimiento y reparación del hogar que puedes aprender a realizar sin la necesidad de contratar a un profesional. La red está llena de tutoriales gratuitos que pueden asistirte en ello, ¿por qué no lo intentas?

Compras al por mayor: Para los productos que usas frecuentemente, puedes considerar comprar al por mayor. Usualmente, el costo por unidad es menor al que resulta de comprar el producto de forma individual.

4. Educación y aprendizaje

La educación, sin lugar a dudas, es una de las inversiones más significativas que podemos hacer en nosotras mismas. Sin embargo, el coste puede ser un factor limitante para muchas personas. Si alguna vez te encuentras en una situación donde tu economía te limita, no permitas que esto detenga tu crecimiento personal o profesional. Más bien, mira este desafío como una oportunidad para explorar nuevas y económicas formas de continuar aprendiendo. Tú puedes:

Aprender en línea: En nuestra era digital, aprender en línea se ha convertido en una opción cada vez más accesible y versátil. Existen numerosas plataformas que ofrecen cursos gratuitos o a un costo muy reducido en una variedad de temas. Ya sea que estés interesada en la informática, la cocina, las artes o cualquier otro campo, es probable que haya un curso en línea que pueda ayudarte a desarrollar tus habilidades sin desembolsar una gran suma de dinero.

Aprender con bibliotecas y recursos gratuitos: No debemos subestimar el valor de las bibliotecas y otros recursos gratuitos. Las bibliotecas, ya sean físicas o virtuales, son auténticos tesoros de conocimiento, a menudo disponibles para ti de forma gratuita o muy asequible. Ya sea que estés buscando un libro sobre finanzas personales, una guía de estudio para aprender un nuevo idioma, o incluso un libro de recetas para experimentar en la cocina, las bibliotecas ofrecen un mundo de posibilidades de aprendizaje.

Estas son solo algunas áreas donde se pueden hacer recortes significativos, pero la lista ciertamente no termina aquí. El ahorro inteligente y el presupuesto eficiente se tratan de observar de cerca todas nuestras formas de gasto y preguntarnos: ¿hay una alternativa más económica que me brinde la misma satisfacción o utilidad?

La clave aquí es la creatividad y la disposición para cuestionar y cambiar nuestros hábitos de consumo habituales. Cada pequeño cambio que hagamos, cada pequeño gasto que reduzcamos, sumará a lo grande en nuestro camino hacia el ahorro eficaz y la salud financiera.

Tomemos como ejemplo a Warren Buffet, uno de los hombres más ricos del mundo. A pesar de su inmensa fortuna, Buffet es famoso por su estilo de vida frugal. Vive en la misma casa que compró en 1958 en Omaha, Nebraska, por $31,500. En lugar de gastar dinero en automóviles de lujo, conduce un vehículo modesto y ha admitido que no tiene un teléfono móvil de alta gama ni utiliza una computadora en su escritorio.

Lo más interesante es la filosofía de Buffet sobre el dinero y el gasto. Aunque podría permitirse prácticamente cualquier lujo imaginable, Buffet prefiere mantener sus gastos bajos y vivir de manera simple. Según él y su reflexión comúnmente compartida, si adquieres objetos o bienes que no son necesarios, es probable que llegue un momento en el que te veas obligada a vender cosas que sí necesitas.

Buffet se centra en la inversión y la creación de riqueza en lugar de en el gasto. Su enfoque no es tanto en reducir los costos hasta el extremo, sino en gastar de manera inteligente. Comprende que cada moneda gastada innecesariamente es una moneda que no se puede invertir para crear más riqueza en el futuro.

Este enfoque de Buffet no es solo para multimillonarios. Es una mentalidad que todos podemos adoptar para mejorar nuestra salud financiera. Sin duda, podemos aprender mucho de la filosofía de Buffet sobre el dinero y aplicar sus principios en nuestra vida diaria. Si adoptamos una mentalidad más frugal y gastamos de manera más consciente, podemos reducir nuestros gastos y tener más dinero disponible para ahorrar e invertir.

Pero los trucos para reducir gastos no son la única estrategia para fortalecer nuestras finanzas personales. No basta con mirar a corto plazo, también necesitamos pensar en el futuro. ¿Cómo podemos construir un patrimonio que nos permita no solo vivir cómodamente hoy, sino asegurarnos una vejez tranquila?

5 AHORRO A LARGO PLAZO

En nuestra exploración sobre el ahorro y la gestión financiera personal, hemos abordado el arte del ahorro en el corto plazo. Hemos discutido la importancia de ser conscientes de nuestros gastos y buscar maneras inteligentes de reducirlos. Pero ¿qué pasa con el futuro? ¿Cómo podemos construir una base sólida para la estabilidad financiera a largo plazo?

Es frecuente encontrar reticencias al hablar de ahorro a largo plazo. Muchos piensan: "¿Y si me sucede algo y no he disfrutado de mi dinero?". Existe esta creencia popular de que el ahorro a largo plazo es una especie de renuncia a los placeres presentes. Muchas personas se plantean la siguiente pregunta: "¿Por qué debería ahorrar para un futuro incierto cuando puedo vivir y disfrutar el presente?" Si se busca de forma adecuada, la respuesta es bastante sencilla de encontrar, comprender e incorporar a nuestra forma de ver las finanzas.

Ahorrar para el futuro no significa renunciar a vivir el presente. No se trata de una opción entre uno y otro, sino de encontrar el equilibrio correcto entre ambos. Puedes disfrutar de tu vida ahora mientras te preparas para el futuro. De hecho, este es el verdadero arte del manejo financiero personal.

Para refutar este pensamiento de que ahorrar a largo plazo es un sacrificio, debemos entender que el ahorro no es una restricción, sino una herramienta de libertad. Cuando ahorramos, estamos abriendo puertas para nuestras futuras decisiones y oportunidades. Estamos protegiéndonos contra la incertidumbre y creando un respaldo que nos dará tranquilidad.

Además, debemos recordar que la vida es un camino, y el futuro es simplemente una parte de ese camino. Si solo nos enfocamos en el presente y descuidamos el futuro, corremos el riesgo de encontrarnos con dificultades financieras a medida que avanzamos por ese camino. Por otro lado, si nos preparamos adecuadamente para el futuro, podremos disfrutar del viaje con la seguridad de que estamos preparados para lo que venga.

5.1 Importancia del ahorro a largo plazo

El gran autor financiero Robert Kiyosaki, en su aclamado libro "Padre Rico, Padre Pobre", destaca una lección muy valiosa: "Los ricos hacen que su dinero trabaje para ellos". Esta cita nos lleva directamente al corazón del subtema que exploraremos: la importancia del ahorro a largo plazo. Pero, ¿cómo se relaciona esta idea con el ahorro a largo plazo? ¿Por qué el ahorro a largo plazo es tan importante y cómo puede ayudarnos a hacer que nuestro dinero trabaje para nosotras?

Imaginemos el dinero no solo como un recurso, sino como un aliado. Cuando aprendemos a administrarlo con sabiduría, este aliado puede transformarse en un ejército, generando aún más riqueza para nosotras. Así es como funciona el ahorro a largo plazo. Esta práctica nos permite construir un capital robusto, que con las inversiones correctas puede multiplicarse y crear flujos de ingresos adicionales. Estamos, en cierto modo, poniendo nuestro dinero a trabajar para nosotras, cumpliendo con el consejo de Kiyosaki.

¿Pero qué pasa cuando enfrentamos incertidumbres y eventualidades imprevistas en la vida? Aquí es donde el ahorro a largo plazo entra en escena como un salvavidas. Nos proporciona la seguridad y la tranquilidad necesarias para manejar situaciones económicas adversas sin tener que desestabilizar completamente nuestras finanzas.

El ahorro, que actúa como un escudo, fortalece nuestra resistencia contra la volatilidad financiera y nos permite tomar decisiones audaces con confianza. Pero esto no es todo, esa seguridad y tranquilidad financiera trascienden las emergencias y se extienden hacia el futuro, en la consecución de nuestras metas personales.

Pensemos en nuestros sueños y metas, esos proyectos que como mujeres independientes, emprendedoras y decididas, deseamos lograr. Puede que estés soñando con lanzar tu propio negocio, invertir en tu desarrollo profesional con un postgrado, comprar tu primera casa, o asegurar una jubilación cómoda después de una vida de esfuerzo y dedicación. Cada uno de estos planes a largo plazo requiere una base financiera robusta, la cual solo puede construirse a través del ahorro constante.

El ahorro a largo plazo es el medio por el cual transformamos estos sueños en objetivos realizables. Con el compromiso y la disciplina que caracteriza a las mujeres fuertes e independientes como tú, no solo estamos manejando los retos actuales, sino también edificando el camino que nos llevará hacia la obtención de nuestros objetivos a largo plazo.

Por medio del ahorro a largo plazo, no solo construimos un escudo contra imprevistos, sino que también establecemos la plataforma financiera que nos permitirá alcanzar nuestros objetivos y asegurar un futuro de prosperidad y éxito. En esta labor de empoderamiento financiero, el ahorro a largo plazo no es solo acerca de acumular capital, es un camino hacia la autogestión y la independencia, es acerca de darnos la libertad de vivir la vida que deseamos y merecemos.

Ahora bien, en este camino hacia nuestra libertad financiera, hay una última lección invaluable que el ahorro a largo plazo nos enseña: es un maestro en disciplina y responsabilidad financiera. Nos forma a vivir dentro de nuestros medios, a distinguir entre nuestras necesidades y deseos, y nos prepara para un futuro más seguro y tranquilo. La frugalidad y la planeación, pilares de este estilo de vida, no solo fortalecen nuestra salud financiera a largo plazo, sino que también nos otorgan habilidades valiosas que impactan positivamente todos los aspectos de nuestras vidas. Es así como, paso a paso, convertimos nuestros sueños en realidades alcanzables.

Por tanto, el ahorro a largo plazo no se trata solamente de guardar dinero. Es una estrategia para asegurar nuestro futuro, proteger nuestra tranquilidad, cumplir con nuestros objetivos y aprender a administrar eficazmente nuestros recursos. Es una forma concreta y práctica de hacer que nuestro dinero trabaje para nosotras, justo como Kiyosaki nos ha aconsejado desde hace décadas.

Así que, cuando nos preguntamos por qué el ahorro a largo plazo es tan importante, la respuesta es clara.

5.2 Planificación financiera a largo plazo

Seguro recuerdas aquella escena de "Sex and the City" donde Carrie Bradshaw, nuestra querida escritora soltera y amante de la moda, se da cuenta de que ha gastado lo que podría ser la entrada de un apartamento en zapatos. No es secreto que nuestras decisiones financieras de hoy pueden tener un gran impacto en nuestro futuro, sobre todo cuando se trata de cómo gestionamos nuestro dinero. Pero, ¿cómo podemos ser más como una Carrie post-crisis, que logró equilibrar su amor por la moda con sus metas financieras a largo plazo?

Uno de los métodos más eficaces para gestionar nuestras finanzas es utilizar el sistema de las tres cuentas bancarias. En el mundo financiero, a veces las cosas pueden parecer un poco abstractas, así que veamos esto con una analogía más detallada que nos remite a algo más familiar: nuestro armario.

Primero, tienes la cuenta de ingresos, que es como la sección de tu armario donde guardas tu ropa de diario. Son las prendas que usas para ir al trabajo, hacer las compras, salir con tus amigas. En términos financieros, esta es la cuenta donde recibes tus ingresos y pagas tus gastos regulares como renta, servicios, comida, transporte. Esta cuenta es esencial, pero no es todo lo que necesitas para tener un guardarropa, o en este caso, una vida financiera equilibrada.

Luego, tenemos la cuenta para la libertad financiera, y esta es un poco más especial. ¿Recuerdas esa sensación cuando compras una prenda de diseñador o una pieza que siempre has deseado, y cada vez que la usas te hace sentir poderosa y segura? Bueno, esta cuenta es un poco así. Es donde "te pagas a ti misma primero", separando un porcentaje de tus ingresos antes de pagar cualquier otro costo o gasto. Esta cuenta es para invertir en activos que generen ingresos pasivos, es decir, ingresos que no dependen de tu trabajo activo. Pero, ¿de qué estamos hablando?

Imagina que tus ingresos activos son como las piezas básicas de tu armario que siempre están trabajando por ti: los jeans que siempre te quedan bien, las camisetas de calidad que puedes combinar con todo, los zapatos cómodos que nunca te decepcionan. Tus ingresos activos son el dinero que ganas de tu trabajo diario: tu salario, los pagos por hora o por proyecto, las bonificaciones. Tienes que "usar" estas piezas regularmente, es decir: trabajar en tus horarios asignados, cumplir con las fechas límites y asistir a las reuniones para seguir recibiendo estos ingresos.

Sin embargo, aunque estas piezas básicas son esenciales, no son suficientes para tener un guardarropa realmente versátil. Es en este punto donde debemos meter a nuestro juego ingresos pasivos.

Los ingresos pasivos son como esas prendas fabulosas que adoras y que parecen atraer elogios sin esfuerzo cada vez que las usas, incluso si no las usas a menudo. Son fuentes de ingreso que no requieren tu tiempo y esfuerzo constante para mantener. Pueden ser inversiones en la bolsa de valores que generan dividendos, propiedades inmobiliarias que aportan renta, o tal vez un blog o un libro que escribiste hace tiempo y que sigue generando regalías. Incluso si estás de vacaciones o durmiendo, estos ingresos pasivos siguen llegando.

Entonces, volviendo a nuestra cuenta de libertad financiera: esta es como el lugar donde guardas esas piezas fabulosas que generan ingresos pasivos. Aquí es donde tomas una porción de tus ingresos activos (tus piezas de uso diario) y las inviertes en algo que, con el tiempo, te dará aún más valor, al igual que esa prenda de diseñador que te hace sentir poderosa cada vez que la usas. Y lo mejor de todo es que estos ingresos pasivos pueden seguir creciendo, incluso cuando estás ocupada con otras cosas, dándote la libertad de enfocarte en lo que más importa para ti.

Finalmente, está la cuenta de ahorros a largo plazo. Esta es la sección de tu armario donde guardas aquellos atuendos para eventos especiales o para el futuro. Aquí es donde ahorras para cosas importantes que sabes que vendrán, como una casa, un auto, un viaje soñado, o incluso tu retiro. También es donde ahorras para esas situaciones de emergencia inesperadas, para asegurarte de que estás preparada sin importar lo que ocurra.

La verdadera magia de este sistema de tres cuentas radica en cómo las manejas. No debes gastar lo que tienes en la cuenta de libertad financiera o en la de ahorros a largo plazo en gastos cotidianos o compras impulsivas. En cambio, estas cuentas están destinadas a crecer e invertirse, generando aún más riqueza para ti en el futuro. Al igual que ese hermoso vestido de noche que solo usas en ocasiones especiales, el dinero en estas cuentas solo se toca cuando realmente lo necesitas para alcanzar tus metas financieras a largo plazo.

Pongamos un ejemplo práctico. Piensa en Camila, una talentosa diseñadora gráfica independiente. Acaba de firmar un contrato para un nuevo proyecto de diseño para una gran corporación. Es un trabajo significativo que, además de su flujo de ingresos regular, le va a reportar un importante ingreso adicional. El día que recibe su primer pago, Camila se sienta en su escritorio, rodeada de su brillante equipo de diseño y una taza de su café favorito.

En lugar de caer en la tentación de gastar este dinero extra en un nuevo bolso de diseñador o en una cena extravagante, Camila decide ser consciente sobre cómo utilizará este ingreso inesperado. Con la claridad y el enfoque de un buen plan financiero, divide este dinero entre sus tres cuentas bancarias.

Un porcentaje se dirige a su cuenta de ingresos regulares, cubriendo sus gastos fijos, como su alquiler, sus facturas y su comida. Luego, asigna una parte a su cuenta de libertad financiera. Este dinero se utilizará más adelante para invertir en activos que generarán ingresos pasivos, como una propiedad de alquiler o acciones en una empresa emergente. Por último, pero no menos importante, también pone una porción en su cuenta de ahorros a largo plazo, quizás para un viaje soñado a Japón o para el día que decida abrir su propio estudio de diseño.

Camila no solo se está asegurando de cubrir sus necesidades

actuales, sino que también está priorizando su bienestar financiero a largo plazo. Está planificando su futuro de una manera que muchas personas olvidan o postergan, demostrando que la gestión inteligente de las finanzas puede ser tan creativa y gratificante como diseñar un brillante logotipo para una empresa internacional.

Entonces, ¿qué significa todo esto para ti? ¿Cómo puedes aplicar estos principios en tu vida? Imagina que acabas de recibir tu último cheque de pago. Huele a papel nuevo, a posibilidad. Pero antes de gastarlo, haces una pausa y reflexionas.

Un excelente punto de partida podría ser reservar un 10% de tus ingresos para tu cuenta de Libertad Financiera. Imagina que cada vez que ganas dinero, antes de pagar facturas o comprar algo nuevo, tomas este pequeño porcentaje y lo depositas en esa cuenta especial. Es como si te regalaras un futuro brillante cada vez que recibes un pago. Es dinero que te está ayudando a comprar tu libertad financiera, poco a poco.

Luego, destinas otro porcentaje a tu cuenta de ahorros a largo plazo. Este es el dinero que te permitirá alcanzar tus sueños más grandes, ya sea viajar por el mundo, comprar una casa, o incluso iniciar tu propio negocio. Es como tener un cofre del tesoro que se llena gradualmente, preparándote para las grandes aventuras que tienes por delante.

Si te comprometes a seguir este hábito, ya sea cada mes o cada vez que te llegue dinero, estás creando un camino seguro hacia la estabilidad financiera a largo plazo. No solo te permitirá manejar gastos inesperados con gracia, sino que también te ayudará a financiar tus planes futuros sin tener que depender del crédito. Es como poner un chaleco salvavidas financiero que te protegerá en el impredecible mar de la economía. ¡Y lo mejor de todo, ese chaleco salvavidas es tuyo, y lo estás construyendo con cada depósito que haces!

Aunque, ¿lo notaste? La estrategia de las tres cuentas comparte ciertas similitudes con el método de los sobres y el método 50/30/20: todos ellos son enfoques para organizar y gestionar tus finanzas de una manera que te permita cumplir con tus obligaciones, ahorrar e invertir para el futuro, y aún disfrutar de algunos lujos de vez en cuando.

El método de los sobres, por ejemplo, es un sistema de presupuesto que implica dividir tus ingresos en diferentes categorías de gastos, o "sobres", cada vez que te pagan. Esto es similar a cómo dividirías tu dinero en diferentes "secciones de tu armario" o cuentas en el sistema de las tres cuentas.

Por otro lado, el método 50/30/20 implica gastar el 50% de tus ingresos en necesidades, el 30% en deseos, y guardar el 20% para ahorros e inversiones. De nuevo, hay una correlación clara con la forma en que la estrategia de las tres cuentas sugiere que deberías dividir tus ingresos entre gastos diarios, inversiones y ahorros a largo plazo.

En última instancia, la "enseñanza suprema" de todas estas estrategias es la importancia de tener un plan de manejo de dinero. Independientemente de si eliges usar el sistema de las tres cuentas, el método de los sobres, el método 50/30/20, o cualquier otro sistema de gestión de dinero, lo más importante es que estés tomando medidas proactivas para administrar tus finanzas. Si estás haciendo un compromiso con tu bienestar financiero, tanto en el presente como en el futuro, eso ya es algo que vale la pena celebrar.

Adoptar una actitud consciente y estratégica hacia tus finanzas, al igual que hizo Carrie al final de la serie, no solo te brindará la libertad para seguir saboreando las cosas que amas en la vida, sino que también te proporcionará la serenidad de saber que estás edificando un futuro estable y próspero. Aquí nos encontramos al borde de un camino crítico en tu vida financiera. Al igual que decidir el outfit perfecto para una gran ocasión, tu siguiente paso es crucial: ¿Estás lista para trazar el curso de tu bienestar financiero a largo plazo? ¿Estás lista para asumir el mando como la directora financiera de tu vida?

No obstante, este solo es el primer paso en tu viaje financiero. Tras esta decisión, se presentan otros desafíos a considerar. Uno de ellos es cómo ahorrar para un retiro tranquilo y seguro. Por lo tanto, la pregunta sería: ¿Cómo puedes garantizar que el guardarropa de tu vida financiera esté listo para esa etapa de la vida en la que deseas relajarte y disfrutar del fruto de tus esfuerzos? Esta será nuestra siguiente parada en este camino de descubrimiento y empoderamiento financiero.

5.3 Estrategias para ahorrar para la jubilación

Imagina la jubilación como un desfile de moda en el que eres la estrella. Has trabajado durante años para este momento, y ahora es tiempo de relajarte y disfrutar del espectáculo. Pero, ¿cómo te aseguras de que el evento sea tan glamoroso y libre de preocupaciones como lo soñaste? Aquí es donde entran en juego las estrategias de ahorro para la jubilación.

Entre las opciones que puedes considerar están las AFP y vivir de alquileres. Ambas son estrategias viables y complementarias que puedes emplear para asegurarte de que tu desfile de moda en la jubilación sea tan espectacular como lo has imaginado. Vamos a desempacar estos dos enfoques y a ver cómo pueden contribuir a tu desfile de moda de la jubilación.

Comencemos por las AFP, o Administradoras de Fondos de Pensiones. Imagina una AFP como un estilista personal que trabaja para ti. Las AFP se encargan de invertir tus ahorros para la jubilación, con el objetivo de que estos crezcan a lo largo del tiempo. Cada vez que recibes un salario, un porcentaje se va automáticamente a tu AFP. Es un poco como si cada vez que te pagaran, comprases automáticamente una nueva prenda para tu desfile de moda en la jubilación. Sin embargo, en lugar de una prenda, estás comprando tu seguridad financiera a largo plazo.

Las AFP invierten tu dinero en una variedad de activos, como acciones y bonos, para diversificar el riesgo y aumentar las posibilidades de obtener ganancias. La clave para comprender y aprovechar al máximo las AFP es que los intereses que se generan se van acumulando y, a su vez, generando más intereses. En términos de moda, es como si tus prendas se multiplicaran en tu armario sin que tuvieras que hacer nada.

Así que, ¿cómo puedes saber si una AFP es la elección correcta para tu guardarropa financiero? Aquí hay algunas pistas que pueden indicarte que esta podría ser tu estrategia ideal:

En primer lugar, las AFP son ideales si tienes un flujo de ingresos constante. Al igual que un estilista personal, las AFP necesitan material con el que trabajar (en este caso, un porcentaje de tu salario regular). Si cada mes tienes una cantidad constante de dinero entrando, las AFP pueden ser una excelente opción para ti. Es como si cada mes tuvieras la certeza de poder adquirir una nueva prenda para tu colección.

En segundo lugar, las AFP podrían ser adecuadas si estás buscando una inversión de "bajo mantenimiento". Las AFP son como tener un estilista personal que escoge, combina y cuida tus prendas por ti. Tu única tarea es proporcionar los fondos; ellos hacen el resto.

Y por último, si valoras la seguridad y previsibilidad, las AFP podrían ser tu mejor opción. Como un vestido de alta calidad que sabes que siempre te quedará bien, las AFP ofrecen una medida de seguridad en su enfoque diversificado de inversión.

Ahora, si sientes que estas señales te describen, puede que hayas encontrado una estrategia de ahorro para la jubilación que se alinea con tu estilo.

Pasando al segundo concepto, vivir de alquileres, piensa en esto como un guardarropa que te paga por usarlo. Vivir de alquileres significa que posees propiedades que alquilas a otras personas. Los ingresos que recibes por el alquiler de estas propiedades se convierten en un flujo de ingresos pasivos que puedes utilizar para cubrir tus gastos en la jubilación.

Además, estas propiedades pueden aumentar de valor con el tiempo, lo que significa que podrías venderlas en el futuro a un precio más alto si lo necesitas. De esta manera, tus propiedades son como prendas vintage que aumentan de valor a medida que pasan los años, y que puedes vender cuando llegue el momento correcto.

Sin embargo, a menudo surge una pregunta válida al considerar esta opción: ¿Es realmente rentable invertir en propiedades para alquilar? Al igual que la ropa de diseñador, las propiedades pueden ser caras, y se podría pensar que se tarda mucho en ver un retorno de la inversión. Entonces, ¿cómo puede esto funcionar realmente como una estrategia de ahorro para la jubilación?

Piénsalo de esta manera: si compras un traje de diseñador, puedes usarlo en ocasiones especiales y sentirte fabulosa, pero eso no genera dinero por sí mismo. Sin embargo, si compras esa misma pieza y la alquilas para eventos, estás creando una fuente de ingresos con ella. Cada vez que alguien alquila esa prenda, estás recuperando una parte de tu inversión y, eventualmente, podrías incluso obtener ganancias.

Del mismo modo, cuando compras una propiedad para alquilar, es cierto que la inversión inicial puede ser alta. Sin embargo, una vez que comiences a recibir el alquiler de tus inquilinos, empezarás a recuperar tu inversión. Dependiendo del precio del alquiler y de tu hipoteca o de los costos de mantenimiento, podrías incluso comenzar a generar ingresos pasivos de inmediato.

Además, como mencionamos antes, las propiedades suelen aumentar de valor con el tiempo. Por lo tanto, no solo estás obteniendo ingresos de los alquileres, sino que también estás construyendo tu patrimonio a largo plazo. Y como con cualquier prenda de lujo, el truco está en saber cuándo comprar, cuándo mantener y cuándo vender para maximizar tus beneficios.

Por supuesto, como cualquier estrategia de inversión, comprar propiedades para alquilar tiene sus riesgos y desafíos: al igual que mantener en buen estado una prenda de lujo requiere cuidado y atención. Sin embargo, si estás dispuesta a hacer tu tarea, investigar el mercado inmobiliario y administrar tus propiedades de manera efectiva, esta puede ser una estrategia de ahorro para la jubilación muy rentable y elegante.

Ya hemos abordado dos enfoques importantes que pueden servir de escalones hacia un futuro financiero más seguro: las Administradoras de Fondos de Pensiones y la inversión en propiedades para alquilar. Como diseñadora de tu propio guardarropa financiero, puedes elegir uno, ambos, o quizás, encontrar otras formas de inversión que se ajusten mejor a tu estilo y necesidades. Lo más importante es que tomes el control y diseñes un futuro a medida para ti misma.

No obstante, aquí llega el momento de hablar de un asunto delicado: las deudas. Al igual que un par de tacones que pueden causar ampollas después de un largo día, las deudas pueden ser dolorosas y limitantes si no se manejan adecuadamente. Pero, al igual que los tacones, cuando se utilizan correctamente, pueden ayudarte a llegar a donde quieres estar.

¿Cómo gestionamos nuestras deudas para asegurarnos de que nos ayudan a caminar en la pasarela de la vida, en lugar de tropezar y caer?

6 MANEJO DE DEUDAS

La moda y la deuda tienen una cosa en común: ambas pueden ser tanto glamurosas como peligrosas. Si bien es cierto que algunas prendas de diseñador pueden dejar una impresión inolvidable, si te excedes con las compras, te puedes encontrar con un guardarropa lleno de piezas costosas que te dejan ahogada en deudas. En este capítulo, aprenderemos cómo usar la "cultura de la deuda" con elegancia y conocimiento, para que puedas eludir las trampas financieras de la deuda innecesaria y manejar tus finanzas con confianza y aplomo.

6.1 Cómo evitar deudas innecesarias

Las deudas pueden ser como corrientes ocultas bajo la superficie tranquila del océano. Pueden arrastrarte sin que te des cuenta hasta que te encuentres en aguas profundas. Pero hay formas de evitar estas corrientes y mantener tu barco en un curso seguro.

En nuestro viaje marítimo financiero, es vital entender que las deudas son como la corriente marina que puede influir en la dirección de nuestro barco, y es vital saber cómo manejarlas adecuadamente para que no nos desvíen de nuestro curso.

Las deudas, en términos financieros, son cantidades de dinero que debes a otras personas, usualmente con interés adjunto. Pueden provenir de varias fuentes, como préstamos bancarios, hipotecas, tarjetas de crédito o incluso préstamos personales de amigas y familiares. Cuando adquieres una deuda, te comprometes a devolver el dinero que has recibido, generalmente con intereses, lo que significa que tendrás que pagar más de lo que originalmente tomaste prestado.

Es aquí donde es esencial distinguir entre lo que llamamos "deuda buena" y "deuda mala". Como marineras experimentadas, debemos ser capaces de identificar la corriente que nos ayudará a acelerar hacia nuestro destino y la corriente que nos arrastrará hacia un torbellino financiero.

La "deuda buena" es como la corriente que te empuja hacia adelante en tu viaje. Esta es la deuda que adquieres para invertir en algo que incrementará su valor en el futuro o te generará ingresos. Un ejemplo clásico de esto es una hipoteca para una casa. Aunque debas dinero, estás invirtiendo en algo que probablemente aumentará su valor con el tiempo. Otro ejemplo podría ser un préstamo estudiantil para financiar una educación que incrementará tus habilidades y potencialmente tu capacidad para ganar un salario más alto en el futuro.

En contraste, la "deuda mala" es como una corriente que te arrastra hacia abajo y te aleja de tu destino. Esta es la deuda que adquieres para comprar bienes y servicios que no aumentan de valor o generan ingresos. Un ejemplo común de esto es la deuda de tarjetas de crédito que se acumula cuando gastas más allá de tus medios en cosas que no retienen su valor, como ropa de moda, comidas caras o tecnología de última generación que se deprecia rápidamente.

Una deuda innecesaria es como la corriente que te arrastra hacia aguas turbulentas sin aportar ninguna ventaja a tu viaje. Es la deuda que adquieres para financiar gastos que no son esenciales y que no te aportan valor a largo plazo. A menudo, este tipo de deuda se asocia con intereses altos y pagos a largo plazo, lo que puede dificultar tu capacidad para ahorrar y alcanzar tus objetivos financieros.

Un ejemplo típico de deuda innecesaria podría ser el uso excesivo de tarjetas de crédito para financiar un estilo de vida lujoso que va más allá de tus medios. Por ejemplo, podrías sentirte tentada a gastar en ropa de diseñadora, comidas caras en restaurantes o viajes de lujo que realmente no puedes permitirte. Este gasto excesivo puede llevarte a acumular deudas en tus tarjetas de crédito que pueden llevar años en pagar y pueden acumular intereses significativos.

Un ejemplo de la vida real de esto puede verse en la historia de la famosa actriz y cantante estadounidense, Lindsay Lohan. En su apogeo, Lohan ganaba millones por película y vivía un estilo de vida lujoso y ostentoso. Sin embargo, a medida que sus ingresos empezaron a disminuir, Lohan continuó viviendo más allá de sus medios y acumuló una deuda significativa.

En 2012, se informó que Lohan debía más de $600,000 en deudas de tarjetas de crédito, a pesar de ganar millones en su carrera. Esto fue el resultado de años de gastos excesivos en ropa de diseñadora, viajes de lujo, comidas en restaurantes caros y otras compras innecesarias. A pesar de su éxito y fortuna, Lohan se encontró en una situación financiera difícil debido a la acumulación de deudas innecesarias.

La historia de Lohan sirve como una advertencia para todas nosotras. Sin importar cuánto dinero ganes, es esencial vivir dentro de tus medios y evitar las deudas innecesarias. Recuerda, como marineras en este océano financiero, nuestro objetivo es navegar hacia la estabilidad y prosperidad financiera, y evitar las corrientes de deudas innecesarias es un paso crítico en este viaje.

En la travesía de la vida financiera, hay varias corrientes y tempestades que pueden llevarnos a acumular deudas innecesarias.

Una de ellas es la falta de educación financiera, similar a navegar sin una brújula o un mapa. Muchas veces, sin un claro entendimiento sobre cómo funcionan los créditos y los intereses, podemos tomar decisiones financieras poco acertadas. Podemos pensar que es posible gastar más allá de nuestros medios y luego "ponernos al día" más tarde, sin comprender completamente las consecuencias.

Mientras navegamos, también podemos encontrar la presión social, esa corriente que nos tienta a seguir la marea sin considerar las condiciones del viento. Vivimos en una sociedad que a menudo valora las apariencias y el estatus material, lo que nos puede llevar a gastar más de lo que podemos permitirnos para mantener una apariencia de éxito o para "encajar". Sin embargo, al igual que una marinera experimentada sabe, es importante resistir estas corrientes y navegar de acuerdo a nuestras propias capacidades y objetivos.

Nuestra travesía también puede verse obstaculizada por la falta de planificación financiera. Sin un presupuesto o plan financiero sólido, es fácil perder el control de nuestros gastos. Es como intentar navegar sin un mapa que te muestra exactamente dónde estás en tu viaje financiero y hacia dónde te diriges. Sin este mapa, es fácil gastar más de lo que ganamos y acumular deudas.

Otra tormenta que podemos encontrar en alta mar es la impulsividad en la compra. Las compras impulsivas, provocadas por el deseo instantáneo de gratificación o por una oferta atractiva, pueden llevar a la acumulación de deudas innecesarias. Al igual que una marinera debe resistir la tentación de seguir a las sirenas al mar abierto, debemos resistir la tentación de gastar impulsivamente.

Por último, las emergencias no planificadas son las tormentas inesperadas que pueden llevarnos a acumular deudas. Podría ser una factura médica inesperada, una reparación de auto urgente o la pérdida de empleo. Aquí, una marinera experimentada nos enseña la importancia de tener un kit de emergencia a bordo, que en términos financieros se traduce en un fondo de emergencia para protegernos contra estas situaciones.

La comprensión de por qué caemos en deudas innecesarias es la brújula que nos ayudará a evitar estas tempestades y corrientes peligrosas en el futuro. Recordemos que cada paso que damos hacia el entendimiento financiero es un paso hacia una navegación más segura y exitosa en nuestra travesía financiera.

Imagina tu vida financiera como un jardín próspero. Cada planta en este jardín representa una faceta de tus finanzas: tus ahorros son los robustos robles, tus inversiones las viñas que trepan, tus gastos necesarios son los arbustos y las flores que embellecen tu espacio. Ahora bien, las deudas innecesarias pueden entenderse como las malas hierbas que pueden crecer entre tus plantas, absorbiendo los nutrientes y el agua que necesitan tus otras plantas para prosperar.

Entonces, ¿cómo podemos prevenir la aparición de estas "malas hierbas financieras" en nuestro jardín?

Para evitar problemas, en primer lugar, una de las estrategias más efectivas es la prevención. Al igual que una jardinera diligente, puedes prevenir la aparición de deudas innecesarias si eres consciente de tus hábitos de gasto. Esto implica llevar un seguimiento de tus gastos, crear y mantener un presupuesto, y saber distinguir entre lo que necesitas y lo que simplemente quieres. En términos de jardinería, esto sería como proporcionar a tus plantas exactamente lo que necesitan: la cantidad adecuada de agua, luz solar y nutrientes, sin excederte.

Además, al igual que una planta necesita tiempo para crecer, es importante ser paciente con tus finanzas. Puede ser tentador hacer una compra a crédito que te permita tener algo inmediatamente, pero es más beneficioso a largo plazo ahorrar y comprar algo cuando puedas permitírtelo. Esto evita que las "malas hierbas" de las deudas innecesarias aparezcan en primer lugar.

Otra medida preventiva efectiva es tener un fondo de emergencia. Al igual que un invernadero protege a las plantas de las inclemencias del tiempo, un fondo de emergencia te protege de los problemas financieros inesperados. Este fondo puede cubrir gastos imprevistos, evitando la necesidad de incurrir en deudas innecesarias.

Por último, invertir en tu educación financiera puede ayudarte a mantener a raya las deudas innecesarias. Al igual que una jardinera se informa sobre cómo cuidar mejor sus plantas, debes estar dispuesta a aprender sobre finanzas. Ya sea leyendo libros, tomando cursos en línea, asistiendo a talleres o buscando el consejo de una asesora financiera, cuanto más sepas sobre finanzas, mejor preparada estarás para evitar las deudas innecesarias.

De esta manera, cultivando conscientemente nuestro jardín financiero y protegiéndolo de las "malas hierbas" de las deudas innecesarias, podemos disfrutar de la belleza y la tranquilidad de un espacio financiero saludable y próspero.

Ciertamente, la prevención es una parte crucial para mantener un jardín financiero saludable. Sin embargo, no todas estamos libres de "malas hierbas" en nuestro jardín. Algunas de nosotras ya podríamos estar lidiando con deudas innecesarias que han comenzado a arraigarse. Pero, al igual que una jardinera experta, es importante no desesperar. En cambio, debemos arremangarnos, agarrar nuestras herramientas y enfrentar el problema de frente.

Manejar las deudas existentes es una tarea que requiere valentía y estrategia. Ten en cuenta la historia de Elizabeth White, la escritora de "55, Underemployed, and Faking Normal", como un ejemplo relevante. Elizabeth era una profesional exitosa que, después de una serie de reveses, se encontró atrapada en deudas y luchando por mantenerse a flote. En lugar de ignorar su situación, Elizabeth se enfrentó a ella con valentía y desarrolló un plan para manejar sus deudas.

Así, en el siguiente subtema, exploraremos cómo puedes enfrentarte a tus deudas, tal como lo hizo Elizabeth, con valentía, inteligencia y perseverancia. Es hora de aprender a manejar las deudas existentes y a liberar nuestro jardín financiero de cualquier mala hierba que esté obstruyendo su crecimiento.

6.2 Cómo manejar las deudas existentes

Quizás te sientas atrapada por las deudas, como si estuvieras en un laberinto sin salida. Pero como Teseo, el héroe de la mitología griega, sabes que dentro de ti tienes el ingenio y la fuerza para encontrar la salida. En la historia de Teseo, fue el hilo de Ariadna lo que le ayudó a salir del laberinto del Minotauro. En tu historia, será la educación financiera y una estrategia sólida de manejo de deudas lo que te ayudará a salir de este laberinto financiero.

En primer lugar, es importante tener un conocimiento completo y honesto de tu situación financiera. Es como si estuvieras mapeando el laberinto. Conoce cuánto debes, a quién le debes, cuál es la tasa de interés, cuál es el cronograma de pago y qué ocurre como resultado de no realizar los pagos correspondientes. No te preocupes si este proceso te asusta al principio. Recuerda, la valentía no es la ausencia de miedo, es la capacidad de tomar acción a pesar de.

El siguiente paso es comenzar a trazar tu ruta de salida. Esto implica desarrollar un plan de pago de deudas. Hay muchas estrategias disponibles para esto, pero la que elijas dependerá de tu situación individual. Algunas personas optan por pagar primero las deudas con la tasa de interés más alta, ya que esto puede ahorrar dinero a largo plazo. Otros optan por pagar primero las deudas más pequeñas, ya que esto puede ofrecer una sensación de logro y motivación para seguir adelante. En cualquier caso, el objetivo es establecer un plan de pago de deudas que sea realista y sostenible para ti.

A medida que avances por tu laberinto financiero, es importante tener en cuenta que los contratiempos son normales. Puedes encontrar muros o recovecos inesperados. Pero no te desesperes. Recuerda, la perseverancia es clave. Si encuentras un muro, busca una manera de rodearlo. Si te desvías del camino, vuelve a él tan pronto como puedas. No te castigues por los errores del pasado, en lugar de eso, mantén tu enfoque en el futuro y en las medidas que puedes implementar actualmente para mejorar tu condición económica.

Por último, pero igualmente relevante, recuerda reconocer y celebrar tus logros, por pequeños que estos sean. Cada deuda que pagas, cada paso que das en tu plan, es una victoria. Es un paso más cerca de la salida del laberinto. Así que celebra estos momentos. Haz de ellos un recordatorio de tu valentía, tu astucia y tu perseverancia.

Y recuerda, no estás sola en esto. Hay recursos disponibles para ayudarte, ya sean asesores financieros, libros, cursos en línea o grupos de apoyo financiero. Por lo tanto, no dudes en buscar ayuda si la requieres, sin temor alguno.

Manejar las deudas existentes puede ser un desafío, pero es un desafío que puedes superar. Así que sigue adelante. Con cada paso que das, estás creando un camino hacia la libertad financiera.

6.3 Estrategias para reducir la deuda

Un método comúnmente referido para manejar deudas es el "método de la bola de nieve", popularizado por el gurú financiero Dave Ramsey en su libro "The Total Money Makeover". Este método toma su nombre de la idea de cómo una pequeña bola de nieve puede crecer en tamaño a medida que rueda colina abajo, recogiendo más y más nieve en el camino. La idea es que puedes ganar impulso a medida que pagas tus deudas, lo que puede motivarte a seguir adelante y pagar más.

Primero, es importante entender cómo funciona este método:

1. **Enumerar todas tus deudas, de menor a mayor:** No te preocupes por las tasas de interés; lo importante en este paso es el monto total de cada deuda. Este será tu "plan de gestión de deudas" que te orientará a lo largo del proceso.

2. **Realiza los pagos mínimos en todas tus deudas, excepto la más pequeña:** Aquí es donde entra la estrategia de la "bola de nieve". Te concentras en una deuda a la vez, empezando por la más pequeña. Al concentrarte en una sola deuda, puedes poner todo tu enfoque y energía en ella, lo que puede ayudarte a sentirte menos abrumada y más en control de tu situación financiera.

3. **Paga tanto como puedas hacia tu deuda más pequeña:** Aquí es donde realmente empiezas a construir tu "bola de nieve". Al pagar tanto como puedas hacia tu deuda más pequeña, podrás deshacerte de ella más rápido. Y una vez que esa deuda esté pagada, tendrás más dinero disponible para poner hacia la siguiente deuda en tu lista.

4. **Repite el proceso hasta que todas tus deudas estén pagadas:** Una vez que hayas pagado tu deuda más pequeña, mueve esa cantidad de dinero a la siguiente deuda en tu lista. Continúa el proceso, pagando cada vez más hacia cada deuda a medida que las más pequeñas se van pagando. Al igual que una bola de nieve que crece en tamaño a medida que rueda colina abajo, tus pagos de deudas se convertirán en una "bola de nieve" que crece con cada deuda que pagas.

Este método puede ser muy eficaz para manejar deudas porque aprovecha el poder de la psicología. Al ver que estás haciendo progresos, es probable que te sientas más motivada para seguir adelante. Saldar completamente una deuda, incluso si es pequeña, puede generar un gran impulso en tu confianza y motivación personal.

Sin embargo, vale la pena señalar que el método de la bola de nieve puede no ser la estrategia más eficaz desde el punto de vista matemático, especialmente si tienes deudas con tasas de interés significativamente altas. En estas situaciones, es posible que puedas ahorrar más dinero a largo plazo aplicando la estrategia de la "avalancha de deudas", la cual se enfoca en priorizar el pago de las deudas con tasas de interés más altas.

El método de la avalancha de deudas se centra en pagar primero las deudas con la tasa de interés más alta, independientemente del monto total de la deuda. La lógica detrás de este enfoque es que las deudas con tasas de interés más elevadas implican mayores costos financieros a largo plazo. Por ende, tiene sentido dar prioridad a su liquidación para ahorrar en gastos de intereses.

Así es como funciona:

1. **Enumera todas tus deudas, de la tasa de interés más alta a la más baja:** A diferencia del método de la bola de nieve, aquí nos centramos en las tasas de interés en lugar de los montos de deuda. Este será tu nuevo "mapa de deudas".

2. **Realiza los pagos mínimos en todas tus deudas, excepto la de tasa de interés más alta:** Dirige tus esfuerzos hacia la deuda que tenga la tasa de interés más alta y procura destinar la mayor cantidad de dinero posible a su pago cada mes.

3. **Una vez que se paga la deuda con la tasa de interés más alta, pasa a la siguiente deuda más alta en tu lista:** Ahora que has liberado el dinero que estabas poniendo hacia la deuda de mayor interés, puedes dirigir esos fondos hacia la próxima deuda con la tasa de interés más alta.

4. **Repite este proceso hasta que todas tus deudas estén pagadas:** Al igual que con el método de la bola de nieve, continúa con este proceso hasta que todas tus deudas estén pagadas.

La ventaja del método de la avalancha es que, en términos matemáticos, este enfoque te ahorrará la mayor cantidad de dinero en intereses a largo plazo. Sin embargo, puede ser difícil mantener la motivación, especialmente si tus deudas con las tasas de interés más altas también son las más grandes.

En cualquier caso, tanto la avalancha como la bola de nieve son estrategias efectivas y tu elección entre las dos debería depender de lo que te funcione mejor a nivel personal y financiero.

En última instancia, la mejor estrategia de manejo de deudas depende de tu situación individual y de lo que te mantenga motivada a seguir adelante. Es por eso que es importante investigar y considerar varias estrategias antes de decidir cuál es la mejor para ti.

Por supuesto, debemos recordar que el manejo de deudas, ya sea a través del método de la bola de nieve o de la avalancha, es solo una parte del viaje hacia la salud financiera. Ambos métodos requieren disciplina, compromiso y un entendimiento claro de nuestra situación financiera. A medida que progresamos en este camino, es fundamental tener presente que las finanzas personales son precisamente eso: personales. Lo que resulta efectivo para una persona puede no serlo para otra. Lo más relevante es descubrir un sistema que se ajuste a nuestras necesidades y metas personales.

El reconocido autor y coach de vida Tony Robbins escribió en su libro "Desata tu poder interior" que "Donde enfocamos nuestra energía, eso es lo que se expandirá en nuestras vidas". Al aplicar esta filosofía a nuestras finanzas, podríamos decir que donde enfocamos nuestra atención financiera, eso es lo que crecerá en nuestras carteras. Si estamos concentradas en pagar nuestras deudas, seamos conscientes también de cómo lo hacemos, y de cómo esta acción nos lleva más cerca a nuestros objetivos financieros generales. Al enfrentarnos a las deudas, estamos tomando las riendas de nuestra situación financiera y estableciendo un camino hacia la libertad financiera.

Hablando de libertad financiera, es importante considerar que el manejo adecuado de nuestras deudas es solo una pieza del rompecabezas. Para verdaderamente lograr una seguridad financiera y eventualmente la independencia, debemos construir y nutrir una mentalidad financiera saludable. Este es un aspecto vital de la gestión financiera que a menudo se pasa por alto, pero que es fundamental para lograr y mantener la riqueza. Por eso, en el siguiente capítulo, abordaremos este tema: "Mentalidad financiera".

En este capítulo, profundizaremos en cómo nuestras creencias y actitudes pueden afectar nuestras decisiones financieras y qué podemos hacer para cultivar una mentalidad financiera que apoye nuestros objetivos. ¡No esperes más y da vuelta a la hoja!

7 MANTENIENDO EL COMPROMISO

El compromiso. Esa promesa que nos hacemos a nosotros mismos y que decide la trayectoria de nuestras vidas. Esa fuerza invisible que nos mantiene en nuestro camino, incluso cuando las circunstancias se tornan difíciles y la tentación de rendirnos es fuerte. Pero, ¿qué es realmente el compromiso? ¿Cómo influye en nuestra vida y qué ocurre cuando nuestra vida carece de él?

El compromiso, en su forma más pura, es una decisión. Es una decisión consciente de dedicar nuestro tiempo, energía y recursos a una causa, una meta, una persona, o incluso a nosotros mismos. Es la semilla de la que brotan todos nuestros esfuerzos y logros. Sin compromiso, nuestras metas son solo deseos fugaces, nuestras promesas son solo palabras vacías, y nuestras vidas pueden carecer de dirección y propósito.

Pero un compromiso va más allá de una simple decisión. Es una promesa sostenida, una dedicación continua que perdura en el tiempo. Un compromiso no es una acción única, sino un conjunto de acciones constantes, un flujo de energía dedicado que nos lleva hacia nuestra meta, paso a paso, día tras día. Sin el compromiso, nuestras decisiones carecen de continuidad y nuestros esfuerzos pueden perderse en la dispersión y la inconsistencia.

En el compromiso también reside nuestra capacidad para enfrentar la adversidad. Es el soporte que nos brinda estabilidad en tiempos turbulentos, el punto de referencia que nos orienta en momentos de incertidumbre. Sin compromiso, podemos ser fácilmente arrastrados por las corrientes de la vida, perdidos en un mar de indecisiones y susceptibles a las vicisitudes del destino.

Ahora, piensa en tu compromiso con tu salud financiera. Es el motor que te ha llevado a través de este viaje de autodescubrimiento y crecimiento. Es la fuerza que te ha impulsado a cuestionar tus creencias, a cambiar tus hábitos y a tomar medidas para mejorar tu vida financiera. Sin tu compromiso, este viaje no habría sido posible.

Pero el compromiso con tus finanzas es solo un reflejo del compromiso contigo misma. Es una expresión de tu amor propio, de tu respeto por tus necesidades y deseos, de tu deseo de crear una vida de abundancia y seguridad para ti misma. Al comprometerte con tu salud financiera, te estás comprometiendo con tu bienestar, tu felicidad, tu libertad.

Por último, considera lo que significa vivir una vida sin compromiso. Sin el compromiso, nuestras vidas pueden volverse vacías y sin propósito. Es posible sentirnos perdidos, sin rumbo ni propósito definido. Sin compromiso, podemos encontrarnos atrapados en patrones de vida que no nos satisfacen, persiguiendo metas que no nos importan, y viviendo vidas que no reflejan nuestros verdaderos deseos y valores.

Así que mientras te preparas para cerrar este libro y seguir adelante en tu camino financiero, te invito a que reflexiones sobre el significado del compromiso en tu vida. Considera cómo te has comprometido contigo misma y con tus metas financieras. Observa cómo este compromiso ha influido en tu viaje hasta ahora, y cómo te guiará en tu camino hacia el futuro. Y recuerda, el compromiso no es un destino, sino un viaje constante de autodescubrimiento, crecimiento y realización.

7.1 La importancia de la autocompasión

La autocompasión es un concepto que quizás ha sido relegado, ignorado o, a menudo, mal interpretado en el mundo de las finanzas. ¿Qué lugar tiene la autocompasión en un terreno que parece estar dominado por los números, las estadísticas y la lógica fría y dura? ¿Cómo se aplica la autocompasión a nuestra vida financiera?

Primero, entendamos qué es la autocompasión. La autocompasión es la capacidad de tratarte a ti misma con amabilidad y consideración, especialmente durante momentos de fracaso, error o dificultad. Es reconocer tu humanidad, permitiéndote errar, aprender y crecer, en lugar de castigarte por cada desliz.

Como mujer en un mundo financiero predominantemente masculino, la autocompasión es una aliada valiosa. La realidad es que las mujeres a menudo enfrentamos desafíos únicos en nuestras vidas financieras: la brecha salarial de género, la doble jornada laboral, la discriminación en el trabajo y la responsabilidad desproporcionada del cuidado del hogar, solo por nombrar algunos. Estos desafíos pueden generar presiones y expectativas que, si no se manejan con cuidado, pueden conducir a sentimientos de culpa, estrés y ansiedad.

Es aquí donde la autocompasión entra en juego. Al adoptar una actitud de autocompasión, puedes aprender a tratar tus errores financieros y contratiempos no como fracasos personales, sino como oportunidades de aprendizaje. Puedes aprender a darte permiso para ser imperfecta, para tropezar, para tomar tiempo para entender y mejorar tus finanzas sin la presión de ser perfecta desde el principio.

La autocompasión también puede ayudarte a resistir la tentación de compararte desfavorablemente con los demás. En lugar de caer en la trampa de las comparaciones y permitir que las aparentes "historias de éxito" de los demás minen tu confianza y autoestima, puedes aprender a celebrar tus propios logros y reconocer el valor de tu propio viaje financiero.

Más allá de esto, la autocompasión puede ser una herramienta poderosa para la motivación financiera. Cuando te tratas con amabilidad y comprensión, es más probable que te sientas motivada para cuidar de tus finanzas y tomar medidas para mejorar tu situación. La autocompasión puede alentar un sentido de responsabilidad hacia ti misma, un deseo de cuidar de tus necesidades y deseos financieros no por obligación o miedo, sino por amor y respeto a ti misma.

En última instancia, la autocompasión en las finanzas es una cuestión de equilibrio. Es encontrar el equilibrio entre la responsabilidad financiera y el cuidado personal, entre el logro de metas financieras y el reconocimiento de tu propio bienestar emocional. Al integrar la autocompasión en tu enfoque financiero, puedes aprender a navegar el mundo de las finanzas con más gracia, resiliencia y, lo que es más importante, con más amor propio.

A medida que aprendemos a incorporar la autocompasión en nuestro camino financiero, es vital distinguir qué es y qué no es autocompasión. A veces, en nuestro esfuerzo por ser compasivas con nosotras mismas, podemos caer en trampas que en realidad pueden ser contraproducentes para nuestro crecimiento y bienestar.

Primero, la autocompasión no es autocomplacencia. La autocomplacencia implica evitar las dificultades o desafíos, a menudo ignorando nuestras responsabilidades o posponiendo acciones necesarias para nuestro crecimiento. En el contexto de las finanzas, la autocomplacencia podría verse como evitar revisar nuestras cuentas bancarias, retrasar el pago de deudas, o ignorar la necesidad de ahorrar para el futuro.

En contraste, la autocompasión implica enfrentar nuestros desafíos financieros con coraje, honestidad y amabilidad hacia nosotras mismas. Como la psicóloga y experta en autocompasión Kristin Neff lo describe: "La autocompasión nos da el coraje de mirar nuestros errores y debilidades con amabilidad y comprensión. Es estar abierta a la realidad de nuestras vidas. Es acercarnos a nosotras mismas y a nuestra vida con interés y cuidado."

Segundo, la autocompasión no es egoísmo. El egoísmo conlleva anteponer nuestras necesidades y deseos a los de los demás, sin tener en cuenta el impacto de nuestras acciones en los demás. En términos financieros, esto podría traducirse en gastos extravagantes o imprudentes que ponen en peligro nuestra estabilidad o la de quienes nos rodean.

La autocompasión, por otro lado, nos permite reconocer nuestras necesidades financieras y cuidar de nosotras mismas de manera equilibrada, sin dañar a los demás ni a nosotras mismas. Como dice la famosa frase del Dalai Lama: "Si no te amas a ti misma, no puedes amar a los demás. Si no te cuidas a ti misma, no puedes cuidar a los demás". En el contexto financiero, esto implica encontrar un equilibrio entre cuidar nuestras propias necesidades financieras y ser conscientes de nuestras responsabilidades hacia los demás.

La autocompasión es una herramienta poderosa que nos permite navegar nuestras vidas financieras con amabilidad, resiliencia y valor. Al comprender lo que la autocompasión es y no es, podemos usarla para mejorar nuestro compromiso con nuestra salud financiera y continuar nuestro camino hacia la independencia financiera con mayor conciencia y amor propio.

Al cultivar la autocompasión en nuestro camino financiero y comprender su importancia, estamos preparadas para abordar el próximo tema vital: el poder de los pequeños pasos.

7.2 El poder de los pequeños pasos

Comenzaremos reflexionando sobre cómo cada uno de nosotros, como seres humanos, hemos aprendido a caminar. ¿Puedes recordar ese momento? Probablemente no, pero si observas a un niño pequeño, puedes verlo en acción.

Antes de que un niño pueda caminar, debe aprender a gatear. Antes de gatear, el niño debe aprender a sostener su cabeza, a voltearse, a sentarse. Cada uno de estos pasos es crucial en el desarrollo de la fuerza, la coordinación y el equilibrio necesarios para el hito final de caminar. Estos logros no ocurren de la noche a la mañana, pero son el resultado de pequeños pasos, esfuerzos y aprendizajes constantes.

Este proceso de aprendizaje secuencial y gradual es una parte fundamental de cómo funciona nuestro cerebro, como lo ilustra Mariano Sigman en su libro "La vida secreta de la mente". Sigman nos invita a explorar la extraordinaria evolución de nuestras habilidades cognitivas, señalando que los logros más grandes a menudo provienen de la acumulación de pequeños avances.

Este mismo principio se aplica a nuestras finanzas. Nuestra jornada hacia la independencia financiera no es un salto gigantesco, sino una serie de pequeños pasos. Cada pequeño ahorro que hagamos, cada deuda que paguemos, cada inversión que realicemos, cada elección financiera consciente que hagamos, son pequeños pasos que suman en nuestro camino financiero.

No podemos esperar ser expertas en finanzas de la noche a la mañana, ni podemos esperar lograr nuestras metas financieras a largo plazo en un instante. Pero podemos comprometernos a dar pequeños pasos cada día, cada semana, cada mes. Podemos aprender algo nuevo sobre finanzas, podemos ahorrar un poco más, podemos hacer una pequeña inversión, podemos revisar nuestras cuentas y ajustar nuestros planes financieros.

Al celebrar cada pequeño paso que damos, reforzamos nuestro compromiso con nuestras metas financieras. Cada pequeño paso es una prueba de nuestro progreso, una confirmación de que estamos avanzando en nuestro camino, una fuente de motivación para seguir adelante.

Imagina un niño que intenta saltarse la etapa de gatear e inmediatamente intenta caminar. Puede parecer un objetivo ambicioso, pero el proceso de aprendizaje y desarrollo se ve interrumpido. Es probable que el niño tenga dificultades para mantener el equilibrio, que se caiga con más frecuencia y que se sienta frustrado por no poder lograr lo que parece ser una tarea sencilla para los demás.

Esta frustración puede llevar al niño a desanimarse, a rechazar el aprendizaje, a sentirse incómodo con su propio proceso de desarrollo. Los adultos que observan pueden sentirse tentados a intervenir, a ayudar, a acelerar el proceso. Pero cada intento de "aceleración" solo sirve para frustrar aún más al niño, ya que no está preparado para el salto que se le pide que dé.

En este ejemplo, el niño representa a cada uno de nosotros en nuestro camino hacia la independencia financiera. Los pequeños pasos (gatear, balancearse, dar un paso a la vez) representan las acciones y decisiones financieras que tomamos en nuestro día a día. Si intentamos saltarnos estos pasos e inmediatamente buscamos lograr grandes metas financieras, podemos encontrarnos con dificultades similares a las del niño.

Al tratar de saltar hacia metas financieras grandes y complejas sin haber dado los pasos necesarios, corremos el riesgo de enfrentarnos a retos y obstáculos que no estamos preparadas para manejar. Esto puede llevar a errores financieros costosos, a la pérdida de inversiones, al endeudamiento excesivo, o a la frustración y la desmotivación.

Saltarse los pequeños pasos también puede privarnos de las valiosas lecciones y experiencias que ganamos a lo largo del camino. Cada paso en nuestro camino financiero, cada decisión que tomamos, cada éxito y fracaso, son oportunidades para aprender y crecer. Al saltarnos estos pasos, nos privamos de estas oportunidades de aprendizaje.

Por último, al intentar saltarnos los pequeños pasos, podemos llegar a sentirnos abrumadas y desanimadas. Puede parecer que nuestras metas financieras están fuera de nuestro alcance, que no somos capaces de alcanzarlas. Esto puede llevar a la procrastinación, a la evitación, o incluso al abandono de nuestras metas financieras.

En contraposición, al reconocer y valorar el poder de los pequeños pasos, podemos evitar estos riesgos y dificultades. Podemos construir una base sólida de habilidades y conocimientos financieros, podemos ganar confianza y experiencia, y podemos mantenernos motivadas y comprometidas en nuestro camino hacia la independencia financiera. No importa cuán pequeño sea el paso, cada paso nos acerca un poco más a nuestra meta, y eso es algo que celebrar.

Espero que, al reflexionar sobre la importancia de los pequeños pasos, puedas valorar y celebrar cada pequeña victoria en tu viaje financiero. Nunca subestimes el poder de esos pequeños logros. Están construyendo tu camino hacia el éxito y hacia un futuro más seguro y abundante.

Y aunque este camino puede presentar momentos de cambio e incertidumbre, quiero que sepas que no estás sola. Los cambios y las incertidumbres son parte de la vida y, aunque pueden ser desafiantes, también ofrecen valiosas oportunidades para crecer y aprender.

Por eso, es importante aprender a enfrentar estos momentos con valentía y resiliencia. Aprender a verlos no como obstáculos insuperables, sino como desafíos que puedes superar. Aprender a transformar la incertidumbre en oportunidad, el cambio en crecimiento. Este será nuestro próximo foco de atención. A continuación, te compartiré algunas estrategias que pueden ayudarte a navegar por estos momentos con confianza y seguridad, para que puedas seguir avanzando hacia tus metas, sin importar lo que la vida te depare.

7.3 Cómo enfrentar los cambios y las incertidumbres

En el mundo financiero, y en la vida en general, los cambios y las incertidumbres son inevitables. Nuestra capacidad para adaptarnos y responder a estas incertidumbres puede influir significativamente en nuestra salud financiera y nuestro bienestar general.

Comprendamos primero qué sucede cuando una persona, particularmente una mujer, se encuentra incapaz de enfrentar cambios e incertidumbres. El miedo a lo desconocido, a lo incierto, puede ser un gran obstáculo, limitando nuestra capacidad para tomar decisiones informadas y efectivas. Esta parálisis puede sumergirnos en un ciclo de inacción y evitación, aumentando la ansiedad y magnificando la incertidumbre.

La resistencia al cambio no solo pone en peligro nuestras metas y aspiraciones, sino que también puede tener un profundo impacto en nuestra salud mental y física. El estrés crónico, resultado de esta resistencia, puede manifestarse de varias formas: desde migrañas y trastornos digestivos, hasta insomnio y depresión. Este temor al cambio también puede limitar nuestro crecimiento personal y profesional, frenando nuestro avance y evitando que cumplamos todo nuestro potencial.

La historia de Maya Angelou, la célebre poetisa y activista por los derechos civiles, nos ofrece un ejemplo de vida inspirador. Angelou vivió una vida llena de cambios, desafíos e incertidumbres. Experimentó la pobreza, la violencia y el racismo en su niñez. Sin embargo, en lugar de ser aplastada por estas adversidades, Angelou las enfrentó y las utilizó como combustible para su crecimiento y éxito. Escribió más de treinta libros, ganó numerosos premios, y su obra se utiliza para enseñar a generaciones sobre la resiliencia y el poder del espíritu humano. Angelou no permitió que el miedo al cambio o la incertidumbre frenaran su camino. Como ella misma dijo: "Podemos encontrar muchas derrotas, pero no debemos ser derrotadas".

Aplicado al mundo financiero, este temor al cambio puede resultar especialmente perjudicial. Puede impedirnos adaptarnos a las fluctuaciones del mercado, explorar nuevas oportunidades de inversión, o reevaluar nuestros planes financieros para acomodar nuestras necesidades cambiantes. En el peor de los casos, el miedo al cambio puede llevarnos a tomar decisiones financieras apresuradas, impulsivas, o incluso a evitar por completo el manejo de nuestras finanzas.

No obstante, a pesar de lo intimidante que pueda parecer, el cambio y la incertidumbre son cosas que se pueden aprender a manejar. Podemos cultivar la resiliencia, ver la incertidumbre como una oportunidad de crecimiento, y transformar nuestros temores en catalizadores para la acción, en lugar de permitir que nos paralicen.

Esta resistencia al cambio puede ser especialmente perjudicial. Nos puede impedir adaptarnos a las fluctuaciones del mercado, explorar nuevas oportunidades de inversión o ajustar nuestros planes financieros para satisfacer nuestras necesidades cambiantes. En el peor de los casos, el miedo al cambio puede llevarte a una serie de decisiones financieras desafortunadas, desde gastar de manera impulsiva para aliviar la ansiedad, hasta evitar por completo el manejo de tus finanzas.

Pero hay buenas noticias. Aunque enfrentar el cambio y la incertidumbre puede ser difícil, también es una habilidad que se puede aprender y desarrollar. Con el tiempo, podemos aprender a enfrentar los desafíos con resiliencia, a abrazar la incertidumbre como una oportunidad para aprender y crecer, y a utilizar nuestros miedos como catalizadores para la acción en lugar de permitir que nos paralicen.

Aquí tienes un poema inspirador de Maya Angelou que refleja la superación de los desafíos y el poder del crecimiento personal:

Atrévete a volar

Eres más fuerte de lo que crees, más valiente de lo que imaginas, y capaz de lograr más de lo que sueñas.

Atrévete a volar, a romper las cadenas, a elevarte por encima de los miedos, y descubrir la grandeza que yace dentro de ti.

No permitas que el pasado te defina, ni las dudas te paralicen, porque tienes el poder de transformarte.

Enfrenta los desafíos con valentía, aprende de las caídas, y levántate con determinación.

El camino puede ser arduo y sinuoso, pero en cada paso te fortaleces, y te acercas un poco más a tu destino.

No te rindas ante los obstáculos, ni dejes que los fracasos te detengan, porque cada tropiezo es una oportunidad de crecimiento.

Recuerda siempre que eres capaz, que tienes el coraje para brillar, y el potencial para alcanzar las estrellas.

Atrévete a volar, a abrazar tu grandeza, y a escribir tu propio destino, porque en tu interior reside un espíritu indomable.

Sé libre, sé audaz, sé tú misma, y descubre el infinito poder que hay en tu vuelo.

Con este poema, Maya Angelou nos invita a superar nuestros miedos, a atrevernos a volar y a descubrir nuestra propia grandeza. Nos recuerda que cada desafío y caída nos fortalece, y que tenemos el poder de transformarnos y alcanzar nuestras metas.

Finalmente, quisiera brindarte algunos consejos únicos para afrontar los cambios y las incertidumbres en tu vida financiera y más allá.

1. **Mantén una perspectiva a largo plazo:** El cambio y la incertidumbre pueden parecer abrumadores cuando los vemos

desde una perspectiva de corto plazo. Sin embargo, si adoptas una perspectiva a largo plazo, puedes comenzar a ver estos cambios y desafíos como parte del curso natural de la vida y un escalón necesario en tu camino hacia la salud financiera y el crecimiento personal. En lugar de ver cada cambio como un obstáculo insuperable, considera cómo este cambio puede estar contribuyendo a tu historia de vida y a tu crecimiento como persona.

2. **Reconoce tus emociones:** Muchas veces, nuestro miedo a los cambios y la incertidumbre se basa en nuestras emociones. En lugar de ignorar o reprimir estas emociones, es esencial reconocerlas y permitirnos sentirlas. Puedes practicar la escritura reflexiva, la meditación, o hablar con un amigo de confianza o un profesional de la salud mental para procesar estas emociones.

3. **Practica la autoindulgencia:** Este es un concepto que suele ser mal interpretado. No se trata de complacerte sin límites o de justificar malos hábitos, sino de ser amable contigo misma durante los tiempos difíciles.

   Cuando enfrentas un cambio o una incertidumbre, recuerda ser amable contigo misma, no juzgarte duramente y recordar que estás haciendo lo mejor que puedes con las herramientas que tienes a tu disposición.

4. **Rodéate de personas que te apoyen:** El cambio y la incertidumbre pueden ser menos intimidantes si tienes una red de apoyo. Busca a personas en tu vida que te apoyen y te ayuden a ver las cosas desde una perspectiva diferente. Puede ser un amigo, un miembro de la familia, un mentor, un coach o incluso un grupo de apoyo en línea.

5. **Practica la resiliencia emocional:** La resiliencia emocional no es innata, se puede aprender y desarrollar con el tiempo. Puedes hacer esto practicando la gratitud, adoptando una mentalidad de crecimiento, y buscando siempre oportunidades de aprendizaje en los desafíos y cambios que enfrentas.

6. **Busca ayuda profesional cuando sea necesario:** Si encuentras que la incertidumbre y el cambio te están causando un gran

estrés o ansiedad, no dudes en buscar ayuda profesional. Un terapeuta o un consejero pueden proporcionarte herramientas y estrategias para afrontar estos desafíos de una manera saludable.

Recuerda, el cambio y la incertidumbre son partes inevitables de la vida. Pero con las herramientas y estrategias adecuadas, puedes aprender a afrontarlos con confianza y resiliencia. Y en el camino, te encontrarás fortaleciendo tu salud financiera y desarrollando un mayor conocimiento de ti misma y de tus capacidades. No tienes que enfrentar estos desafíos sola, y siempre hay ayuda y apoyo disponibles si sabes dónde buscar.

8 CONCLUSIÓN

Llegamos al final de este libro, pero no al final de tu viaje. No, este es solo el comienzo de una aventura que te llevará a lo más profundo de tus creencias y hábitos financieros, iluminando tu camino hacia la salud financiera y la independencia.

Hemos explorado juntas el valor de la mentalidad financiera, abordando cómo nuestras creencias y actitudes sobre el dinero influyen en nuestras decisiones y comportamientos financieros. Desentrañamos los misterios de la gestión de deudas, el ahorro, la inversión, y cómo estas herramientas, utilizadas de manera consciente y estratégica, pueden allanar tu camino hacia la independencia financiera.

En uno de los capítulos más desafiantes y transformadores de este libro, abordamos el desafío de cambiar nuestra mentalidad hacia el dinero. Como hemos discutido, la mentalidad financiera no se trata simplemente de saber cómo equilibrar un libro de cheques o de entender las tasas de interés. Se trata de cómo vemos el dinero en nuestras vidas, cómo interactuamos con él, cómo lo valoramos.

Hemos hablado de los estereotipos financieros y de cómo estos perfiles a menudo limitantes pueden frenarnos en nuestro camino hacia la independencia financiera. Abordamos la mentalidad de la escasez y la mentalidad de la abundancia, y cómo cada una de estas perspectivas puede influir en nuestras decisiones financieras.

Pero lo más importante es que exploramos cómo puedes cambiar tu mentalidad financiera, cómo puedes pasar de la mentalidad de la escasez a la mentalidad de la abundancia, cómo puedes dejar de ver el dinero como un recurso finito y limitante y comenzar a verlo como una herramienta que puede ayudarte a lograr tus sueños y metas.

Hemos visto la importancia de mantener la disciplina financiera a largo plazo. La disciplina es como un músculo que debemos entrenar y fortalecer. Hablamos de cómo el presupuesto, el ahorro y la inversión son herramientas poderosas que puedes utilizar para moldear tu futuro financiero. Pero también enfatizamos que la disciplina financiera no significa privarse de todo placer o alegría. Más bien, se trata de hacer elecciones informadas y conscientes que nos acerquen a nuestros objetivos financieros.

Este viaje también te llevó hacia adentro, hacia un viaje de autoconocimiento. Te animé a explorar tus creencias y actitudes sobre el dinero, a reflexionar sobre cómo se formaron y cómo están afectando tus decisiones financieras. Te invité a desafiar esas creencias que ya no te sirven y a cultivar nuevas que te apoyen en tu camino hacia la salud financiera.

El autoconocimiento es un elemento esencial en el cambio de hábitos financieros. Al comprender lo que te motiva, puedes alinear tus comportamientos financieros con tus metas y valores personales. En lugar de luchar contra tus deseos y tendencias naturales, puedes utilizarlos como impulsores de un cambio positivo.

Pero recuerda, este libro no es un manual definitivo, sino una guía en tu viaje hacia la independencia financiera. Las herramientas y estrategias aquí presentadas deberán adaptarse a tus circunstancias personales y a tu propia experiencia. Cada mujer es única, con su propia historia, sus propios sueños y desafíos. Por tanto, toma lo que te sirva y modifica lo que necesites para que se ajuste a tu realidad.

Ahora que estamos llegando al final de esta travesía juntas, déjame ofrecerte algunos pensamientos finales, palabras que espero te acompañen en el camino que has comenzado a recorrer con la lectura de este libro.

Guarda en tu corazón la mentalidad financiera saludable y consciente que has cultivado durante este tiempo. Al igual que una planta que necesitará riego y cuidado constantes, mantén viva tu mentalidad alimentándola con conocimientos y experiencias. Nunca dejes de aprender, de buscar nuevas formas de mejorar tus finanzas.

El mundo financiero es amplio y en constante evolución, y tu también lo eres.

Permítete experimentar, toma riesgos calculados, y recuerda, no hay fracaso, sólo oportunidades para aprender. Y cuando celebres tus éxitos, que los habrá, hazlo con gozo y gratitud. Estos éxitos son el fruto de tu esfuerzo y determinación, y cada pequeño triunfo te acerca a tus metas.

Practica la gratitud y el autocuidado, no solo en las áreas obvias de tu vida, sino también en tus finanzas. Recuerda que eres mucho más que tus posesiones y tu cuenta bancaria. Tu valor, querida lectora, no reside en lo que tienes, sino en quién eres. Y quién eres es una mujer fuerte, capaz y poderosa.

Por último, pero no menos importante, recuerda que no tienes que hacerlo sola. No tengas miedo de pedir ayuda cuando la necesites. Busca el consejo de un asesor financiero, de un amigo de confianza, de una comunidad en línea de mujeres que, como tú, buscan la independencia financiera. Hay una red de apoyo dispuesta a ayudarte y animarte en este camino.

Como un faro que alumbra el camino en la oscuridad, nos hemos encontrado en esta travesía del empoderamiento financiero. Un viaje que, aunque no ha estado exento de desafíos, nos ha llevado a un lugar de mayor entendimiento y fortaleza. Ahora, al cerrar este último capítulo, quiero compartir contigo unas palabras finales.

La emprendedora y autora Arianna Huffington, una mujer que ha caminado en los zapatos de éxito y desafío financiero, dijo una vez: "El éxito no se mide en la cantidad de dinero que ganas, sino en la diferencia que haces en la vida de las personas". Este pensamiento profundo nos recuerda que, aunque la salud financiera y la independencia son metas loables y valiosas, nuestra existencia y nuestro impacto van más allá del balance de nuestras cuentas bancarias.

El dinero, querida lectora, es una herramienta, un medio para un fin, no el fin en sí mismo. Es un recurso que, utilizado sabiamente, puede mejorar nuestra vida y la de los demás, brindándonos oportunidades, libertad y seguridad. Pero es solo una parte de la ecuación. El verdadero valor, la verdadera riqueza, viene de cómo usamos nuestras habilidades, nuestros dones y nuestro tiempo para marcar la diferencia en la vida de las personas.

A medida que avanzas en tu camino hacia la salud financiera y la independencia, te animo a que hagas que tu viaje sea significativo, no solo para ti, sino también para las personas que te rodean. Cada paso que das hacia la autonomía financiera es un paso que te permite influir más positivamente en el mundo.

Agradece las bendiciones que tienes, comparte generosamente cuando puedes, y busca siempre maneras de devolver algo al mundo que te ha dado tanto. Nunca subestimes el poder de una palabra amable, un gesto amable, una mano extendida. Estos son los verdaderos indicadores de éxito.

Y así, con el corazón lleno de esperanza y los ojos puestos en un futuro brillante, nos despedimos. Este no es el fin, sino solo el comienzo de tu viaje. Sigue adelante con valor, determinación y fe en ti misma. Eres capaz de mucho más de lo que imaginas.

Con todo mi cariño y respeto, y con la firme creencia en tu increíble capacidad para triunfar, te dejo con este último pensamiento: Sigue tus sueños, cree en tu poder, y nunca, nunca te rindas.

SOBRE EL AUTOR

Ben Guther es el seudónimo de Benjamín Gutiérrez, un apasionado por estudio del comportamiento humano lo que le ha llevado a obtener dos licenciaturas, una en psicología y otra en sociología en la Universidad San Francisco Xavier de Chuquisaca.

Mientras estudiaba en la universidad se encontró con un libro que impactaría grandemente su vida titulado "Discipulando Naciones" de Darrow L. Miller de Fundación Contra el Hambre Internacional (FHI) cuya tesis principal dicta que si se aplican los principios cristianos bíblicos se pueden liberar sociedades enteras del engaño y la pobreza.

Esto lo llevó a adquirir experiencia laboral en Planificación Estratégica como consultor para ONG de desarrollo que buscaban reducir los índices de pobreza en las zonas más vulnerables de su país.

Después de varios años como consultor dejo su exitosa carrera para dedicarse a escribir y emprender como autor publicando libros tanto académicos como libros de autoayuda de desarrollo personal y finanzas personales.

En 2023 nació el proyecto "Haz Más con Menos" cuyo objetivo es acercar la educación financiera hacia los millennials apalancándose del mundo digital.

Si deseas contactarte con Ben Guther puedes hacerlo por medio del correo electrónico gutherben30@gmail.com o a través de Instagram buscándolo como @ben_guther24 o siguiendo el siguiente enlace o escaneando código QR:

https://www.instagram.com/ben_guther24/

También puedes suscribirte a su canal de YouTube donde compartimos contenido para motivar, aprender sobre Finanzas Personales siguiendo el siguiente enlace o escaneando código QR:

https://www.youtube.com/@Finanzas-Ben-Capital

Finalmente nos ayudaría muchísimo que nos apoyaras con una reseña en la tienda.

Made in United States
Troutdale, OR
04/01/2025